「特別支援教育」

ソーシャルスキル実践集
―支援の具体策93―

岡田 智・三浦勝夫・渡辺圭太郎・伊藤久美・上山雅久／編著

明治図書

はじめに

　特別支援教育の実施とともに，通級による指導や地域の指導相談機関で発達障害へのソーシャルスキルや社会性，行動面の指導などが盛んに行われるようになりました。特に，ソーシャルスキル指導に関しては，急に拡大をしており，専門の先生の数が追いつかない状況になっています。3年前に上野一彦先生とともに『特別支援教育［実践］ソーシャルスキルマニュアル』という本を書きました。その頃，ＳＳＴがお楽しみ活動や成功体験だけのゲーム活動と誤解されていた現状があり，そのアンチテーゼとして教授的なニュアンスをもたせ執筆しました。多くの機関でその本を活用してくださり，特別支援教育の中に一つのＳＳＴのモデルを示すことができたと実感しています。今回は，その続編として，具体的な活動や実践のネタを多く収録しました。前作とともに，本書が特別支援教育の中でソーシャルスキル指導を行う際に活用していただければと思います。

　さまざまな現場の先生方とよく話題になるのが，ソーシャルスキルの活動がよいものでも，そこに子どもの発達や障害特性をおさえていない指導は，何の意味ももたないということです。子どもの障害特性や教育ニーズを見ないで，マニュアルに書かれていることをただまねするだけでは何も生まれません。そこで大事になるのが，実施しやすい活動・ネタがあるだけでなく，子どもたちの目標を達成するための指導方法やポイント，つまり"おさえどころ"を重視する視点です。本書は，たくさんの活動のネタを用意しましたが，必ず"おさえどころ"を明記しました。活動自体は，どこにでもあるようなものですが，おさえどころをもって実践していくことで，子どもたちがソーシャルスキルをしっかりと学べるように狙っています。

　本書をまとめる上で，情緒障害教育で地域のリーダー的な存在である先生方のお力をお借りしています。その方々と何度も会議を重ねて話し合い，意見を出し合って，一つひとつの活動のアイデアが生まれました。しかし，本書がソーシャルスキル指導のすべてではありません。読者の先生方に子どもたちの特徴やニーズに沿って実践していただき，多くの意見をいただきたいとも思っています。実践的知見からさまざまなフィードバックを受けることで，さらによい方法論や活動のアイデアが出て，改良されていくことを願っています。

　本書は，我々執筆者の日ごろの実践から生まれてきたものです。実践の中で出会った子どもたちとその保護者にお礼申し上げます。また，情緒障害教育および発達障害臨床に携わる先輩方や仲間たちからも多大なるご意見やご指導をいただきました。明治図書の三橋由美子さん，川村千晶さんには編者のわがままとも言える要望やこだわりを受けとめてくださり，大変な編集作業を手際よく解決していただきました。これまでお世話になりましたたくさんの方々にお礼申し上げたいと思います。

　2009年2月

編者代表　　岡田　智

▶ も く じ ◀

はじめに　3

第1章　発達障害とソーシャルスキル

1　発達障害とソーシャルスキル 7
2　知的障害やＬＤの子どもたち 10
3　ＰＤＤの子どもたちへの指導 12
4　ＡＤＨＤの子どもたちへの指導 14

第2章　ソーシャルスキルの指導

1　ソーシャルスキル指導のおさえどころ 16
2　小集団指導の組み方 19
3　一日の生活場面を通した指導 21
4　発達障害の子どもの心理社会的発達 29
5　発達段階に応じた指導 32

第3章　幼児のソーシャルスキル活動

1	はじまりの会・おわりの会　36	2	発表・インタビュー　38
3	のりもの遊び　39	4	手遊び歌　40
5	絵本の読み聞かせ　41	6	じゃんけんゲーム　42
7	巨大線路パズル　43	8	かんたんカードゲーム　44
9	ペア探し　45	10	ごっこ遊び(検診,洗顔,爪きり,床屋)　46

11	ごっこ遊び(おままごと，しつけ遊び) 47	12	サーキット運動(幼児用) 48
13	いろいろなおにごっこ 49	14	かんたんボールゲーム 50
15	フルーツバスケット 52	16	新聞列車(乗り降り段ボール列車) 53
17	1本でぬりえ 54	18	作って遊ぶ 55
19	服袋 56	20	型抜き子 57

第4章 小学生のソーシャルスキル活動

21	スピーチ 59	22	おつかいごっこ 60
23	指令文 61	24	買い物ごっこ 62
25	電話のかけ方，とり方 63	26	スリーヒントクイズ 64
27	協力コップタワー 65	28	こんなときどうしよう 66
29	気持ちの学習 67	30	地図を見ながら伝えよう 69
31	いすとりでグー！まけてもグー！ 70	32	相談・話し合い 71
33	運びましょう！ 72	34	20のとびら 73
35	パターンブロック伝言 74	36	協力レゴづくり 75
37	変身クイズ 76	38	どんな子ですか？ 77
39	矢印をたどろう 78	40	並びっこゲーム 79
41	ペアカードマッチング 80	42	みっけ！！ 81
43	熟練カードゲーム 82	44	探検隊はどこだ 84
45	ドミノ倒し 85	46	問題解決すごろく 86
47	見立てゲーム 87	48	相談ゲーム 88
49	ゴムゴムUFOキャッチャー 89	50	野外遊び 90
51	絵描き歌 92	52	○△□から絵を描こう 93
53	サーキット運動 94	54	いろいろリレー 98

55	風船バレーボール 100	56	リモコンウォーク 101
57	王様ドッジボール 102	58	ティーボール 103
59	リングリングボール 104	60	いろはにこんぺいとう 105
61	コリントゲームを作ろう 106	62	のれん作り 107
63	協力ミサンガ 108	64	ダイアログ造形 109
65	調理でわいわい 110	66	白玉だんご作り 111
67	校外学習に行こう！ 112	68	電車に乗って出かけよう！（校外学習の実際） 114
69	買い物に行こう 115		
70	6年生を送る会をしよう 116	71	秋まつりをしよう 117
72	学習発表会（スポーツ大会） 118		

第5章　中学生のソーシャルスキル活動

73	カードミーティング 120	74	質問探偵ゲーム 121
75	感情マップ・感情さいころトーク 122	76	だれの話だ？ 123
77	回転描画 124	78	ブラインドウォーク 125
79	国旗ビンゴ 126	80	作ってスゴロク 127
81	直伝カードゲーム 128	82	アンゲーム 129
83	ビリヤード 130	84	みんなDEハンドベル 131
85	サークルボール 132	86	絵手紙 133
87	マンダラ塗り絵 134	88	パーティをしよう 135
89	フリマに出店しよう！ 136	90	書初め 138
91	五色表現 139	92	がんばれプロデュース 140
93	携帯電話・インターネットとの付き合い方 141		

ねらい索引　142

第1章　発達障害とソーシャルスキル

1　発達障害とソーシャルスキル

(1)　ソーシャルスキル指導とは

　発達障害の子どもは，行動や社会性の問題をもちやすいことが知られている。教育現場や家庭では，保護者や教師は「授業中勝手なことをする」「友だちとトラブルを起こす」「空気や場の雰囲気が読めない」「他の子を攻撃したり，いじめたりする」「孤立しており，友だちと遊ぼうとしない」などといった集団生活や対人関係上の困難に頭を悩ませていることが多い。このような問題の背景には，行動のコントロールが苦手だったり，状況や他者の気持ちの理解が難しかったりといった行動や社会性の面の機能障害がある。

　このような社会性に困難がある子どもたちには，ソーシャルスキルトレーニング（SST）が行われることがある。SSTとはソーシャルスキルを指導する一連のアプローチ方法のことで，精神科領域では生活技能訓練といわれ，統合失調症をはじめとする精神障害への主要なアプローチ方法として位置づいている。学校教育においても，近年では，特別支援教室（通級など）や民間の療育機関でもSSTは実施されており，子どもの治療教育においても重要視されている（上野・岡田，2006）。

　ただ，発達障害の子どもは，障害のない子どもに比べて，効果的なSSTの在り方が異なると考えている。広汎性発達障害（PDD）の子どもは，他者との相互的関係に乏しく，他者の反応を見て行動を学習することが難しい。また，注意欠陥／多動性障害（ADHD）の子どもはどうすればよいかという知識があっても，その場になるとカッとなったり興奮したりしてうまく振る舞えないことが多いだろう。しまいには，不適切な行動や自信のなさなどを学習してしまうこともある。知的障害や言語面に困難がある学習障害（LD）の子どもは，一斉の指示を聞き漏らしたり，理解できなかったり，また，同年齢の子どもとの会話についていけないかもしれない。障害特性によって，つまずき方や不適応は異なるといえる。したがって，ソーシャルスキル指導においても，それらの障害特性に配慮し，教えるスキルや教え方について工夫していかなければならないだろう。

(2)　どのようなソーシャルスキルを教えるのか

　本書は，このような行動や社会性に困難がある子どもに対して，ソーシャルスキルの面から支援しようとするものである。ソーシャルスキル（social skills）とは，社会生活や対人関係を営む上で必要な技能のことであるが，本書では，学校現場や指導療育機関でターゲットになり

やすいソーシャルスキルをピックアップし，下記の7つの領域を設定した。ちなみにスキルというと"技""コツ"といったニュアンスがある用語だが，ここでは，能力的側面（障害特性）や情緒・自己の側面も社会的行動に大きく関与するので，それらも含めて大まかにソーシャルスキルと捉えていく。表に本書で取り扱うソーシャルスキルのねらい一覧を掲載した。

主となるねらい				補助的なねらい	
集団行動	着席する	仲間関係	名前を覚える	動作・運動	順番待ち
	静かに聞く		仲間のことを知る		動作模倣
	注目する		仲間にかかわる		微細運動
	集団参加		仲間関係を楽しむ		視線の活用
	流れに沿って動く		所属感を高める		苦手なことの克服
	手順に沿って動く		遊びの共有		粗大運動
	指示理解		遊具の共有		ボールの操作
	指示に従う		仲間を応援する		身体感覚
	ルール理解		仲間を援助する		目と手の協応
	ルールに従う	コミュニケーション	情報の伝達		言語表現
	役割遂行		情報の聞き取り		手指の巧ち性
	役割分担		伝言をする		協応運動
	協力する		ホウレンソウ（報告・連絡・相談）		ボディーイメージ
	貸し借り				道具の操作
	道具の共有		依頼する		作業能力
	順番交代		質問・応答のルール		周りに合わせて動く
	役割交代		言葉のやりとり	言語・認知	因果関係の理解
	見通しをもつ		会話のやりとり		聴覚的理解
	計画を立てる		話し合い		概念形成
	企画・実行	生活	買い物のマナー		言語理解
セルフコントロール	勝ち負けの経験		電話のマナー		地図理解
	負けの受け入れ		金銭管理		言語概念
	失敗の受け入れ		公共のマナー		勝ち負けの受け入れ
	注意集中		社会的資源の活用		短期記憶
	衝動性の制御	自己・情緒	達成感		矢印の意味理解
	行動調整		自己表現		空間認知
	気持ちの切り替え		自己理解		行動理解
	感情の認知		自己の振り返り		対人的距離感
	感情の表現		他者の助言の受け入れ		役割理解
	こだわりへの対処		他者の援助の受け入れ		想像力
	柔軟に対処する		自己の目標を立てる		自己決定
	折り合いをつける		主体的に取り組む		推理・推測
社会的認知	ジョイントアテンション		就労への意識		対人意識
	相手の動きに合わせる				非言語のやりとり
	他者の視点に立つ				質問する
	心の理論				応答する
	対人ルールの理解				推論する
	社会的状況の理解				感情語の理解
	社会的問題解決				対人的信頼感

【集団行動★】集団行動とは，遊び集団への参加，授業場面への参加，社会集団への参加まで幅広い範囲での集団行動のことである。幼児期から児童期前半にかけて重要視される基本的な学習態勢といわれる指導ターゲットもこのカテゴリーである。また，思春期や青年期に直面するフォーマルな人間関係や常識・非常識などもこれに当たる。

【セルフコントロール◆】行動や感情，思考を自分で認識し，自分で管理（統制，対処）していく一連のプロセスに関係するスキルのことである。自己調整，自己統制，自己管理（セルフマネジメント）といった言葉でも表される。本書では，不注意や衝動性といったADHDの側面だけでなく，こだわりや思い込み，行動や感情の切り替えといったPDDがおちいりやすい困難についても焦点を当てている。

【社会的認知◆】他者との注意や視点を共有したり（ジョイントアテンション），他者の気持ちや考えを理解したり（心の理論），状況をバランスよくまとめて捉えたり（中枢性統合），問題場面を理解し柔軟に解決方法を考えたり（社会的問題解決）といったPDD特有の障害特性に関連するスキルのことである。人へのかかわり方をいくら知っていても，社会的文脈や他者の状況を適切に理解し，それらに応じて行動しなければ，一方的になったり，場違いの行動になったりするだろう。そういった意味でも，社会的認知の側面の指導は重要となる。

【仲間関係★】インフォーマルな人間関係（友だち関係など）を維持していくのに必要とされるものである。対等で満足のいく友だち関係は，さまざまな社会性や行動面の技能の学習機会を与えてくれるだけでなく，個人のストレスを軽減したり，情緒の安定や自己受容感を高めたりする。友だち関係をつくり維持していくためのスキルは精神衛生上においても重要といえる。

【コミュニケーション★】このスキルは，意思伝達の手段をより強調したものである。これには，言葉を使った意思伝達である言語的コミュニケーションと表情や動作などの非言語的コミュニケーションに分かれるが，どちらも重要な側面といえる。

【生活★】ここでは衣服の着脱や整理整頓などの身辺処理や電話のかけ方・受け方，また，インターネットや社会的資源の活用などを含める。年齢が高くなれば，自立や進路のこともテーマとなる。

【自己・情緒】この側面は，ソーシャルスキルを学ぶ時，また，スキルを遂行するときに大きく影響する。情緒が不安定であったり，自己概念上の歪みが生じたりしていれば，適切なスキルを知っていてもうまくそれを行うことはできないだろう。他者への信頼感，自己理解，援助を受け入れる，自己決定などを「情緒・自己」の重要な側面として位置づける。

【その他】発達障害への指導の場合，ソーシャルスキルと「動作・運動」「言語・認知」の指導は明確に分けることができないこともあるので，これらの2カテゴリーも取り上げた。

　★印のスキルは，比較的アセスメント（実態把握）しやすい表面的なスキルといえる。
　一方で，◆印のスキルは，ADHDやPDDの困難（障害特性）に直接関係しているスキルである。

2　知的障害やLDの子どもたち

(1)　知能とは

　社会性や行動面に影響する子どもの能力としてまず一番初めに考えなければならないのは，知的水準（知能）である。知的理解力に優れている子どもとそうではない子どもでは，学び方がだいぶ異なる。知的に低い子どもに論理的で抽象的な説明をしても，理解は難しいだろう。一方で，IQが120を超えるような知的に高い子どもには，具体的なスキルを理路整然と説明したり，ルールを明示したりするだけで，すんなりと適切な行動につながる場合がある。

　知的能力は，ウェクスラー式などの知能検査で測れる総体的な能力であるが，ソーシャルスキル指導を行う際にも，知的能力の評価は重要といえる。総体的な認知水準，認知の偏りなどを把握し，それに応じた活動や課題を組んでいくことが望まれる。知的水準の区分は，知的障害域（IQが70以下），境界知能域（70〜85），標準域（85〜115），高い水準域（115以上）に分かれる。指導に当たっては，このような対象となる子どもの知的水準の把握は不可欠といえる。時に，認知訓練の課題，IQゲーム，知能検査などを多く経験している場合には，検査結果が高く出る場合がある。また，結晶性知能のみが高く，数値が示すほど，日常生活では理解や思考の面で発揮できない子どもも多い。このようなケースに対しては，見せかけの検査結果にだまされないで，実際の適応機能や理解力を十分に把握しなければならない。

(2)　言語能力と非言語能力

　ウェクスラーの伝統的な考えによると，知能は「言語性」と「非言語性（動作性）」に大きく大別される。言語性とは，言葉を理解したり，言葉で表現したり，言語的に考えたりといった言語能力を表す概念である。時に，これまでの生活経験や教科学習で身につけてきた知識の側面が関係している場合もある（結晶性能力といわれる）。非言語性とは，目で見て視覚空間的に理解・判断したり，問題を柔軟に解決したりする力であり，ウェスクラー式検査における動作性のことである。これは，日常生活で作業し，動いたりするような力でもあり，日常生活の力ともいえる（流動性能力ともいわれる）。発達障害の子どもは，言語性と動作性にばらつきがあり，これらの能力が乖離している場合も多い。能力間のアンバランスは，日常生活でのやりづらさ，理解されにくさを生じさせ，ハンディキャップとなる。

　一般的に，動作性に比べて言語性が低い子どもは，上手にコミュニケーションや自己表現ができない場合があり，過小評価されがちである。また，言語性に比べて動作性が低い子どもは，言葉や知識量の割には，実際の理解力や社会への対応力に欠けていることがある。一見すると，おしゃべりや記憶力に問題がないので，実際の力よりも過大評価されることがあり，困難が見過ごされがちである。

(3) 知的能力の水準による状態の違い

　検査によっても異なるが，知能検査で総体的な数値が70または75を下回ると，知的障害（精神遅滞）の判定がなされる。また，医学診断上は，70～85の境界線上のIQの子どもは，境界知能といわれ，障害のない子どもたちに比べると理解力や対応力に遅れがみられ，臨床的関与の対象となる。教育や相談の場面では，軽度知的障害（IQ 50～70程度）や境界知能（IQ 70～85程度）の子どもたちと多く出会う。勉強ができない，集団行動が遅れがちといったその背景には，知的理解力の困難が関係している場合も多い。

　知的に低めの子どもたちは，自分の置かれている境遇（社会的状況）や自分の内面（体験や感情など）をうまく理解できておらず，自己理解に困難がある場合がある。困っていることを聞いても，何が困っているのかわからないといった状況である。このような子どもたちは，うまく悩んだり，困ったりできないので，ストレスは身体症状（おなかが痛くなる，抜毛など）や問題行動（自傷，他害，騒ぎ出すなど）に現れることが多い。言葉でストレスや悩みを表現できないことも多く，行動面で反応を出しやすいのである。

　逆に，知的に高めの子どもたちは，置かれている境遇や自分の内面で起きていることを考えようとするので，不安感や被害感が強まりやすく，精神的な混乱が生じやすくなる。時には，悪意を強め，二次的に人格障害まで発展してしまうこともある。知的水準の違いによる社会性や行動面の問題の違いに注意する必要がある。

(4) 知的障害やLDの子どもへの指導配慮

　軽度知的障害や境界知能の子どもは，理解の面での困難もあるので，障害のない子どもたちよりも，よりいっそうていねいで具体性のある指導が望まれる。特に，ADHDやPDDで知能水準が境界域（もしくは軽度知的障害）の場合，ソーシャルスキルの困難はより大きくなりがちである。知的に低めの子どもへの配慮としては，「より具体的に，よりわかりやすく指導する」「生活課題を中心におく」「子どもが達成可能な指導目標を設定する」「適切な教育環境を選ぶ」といったものがある。

　知的能力に偏りがあるLDの子どもに対しては，その得意／不得意に応じた配慮が望まれる。言語面（聞く・話す）に困難がある場合は，自己表現や発表などの学習をていねいに行い，「うまくやれそうだ」といった**自己効力感を高めていく**ことが望まれる。基礎学力（読み・書き）に困難がある子どもには，ソーシャルスキルの指導では視覚シンボルを多用したり，書く作業を減らしたりといった配慮をしていく。作動記憶や短期記憶が弱い子どもに対しては，スキルの手順（スクリプト）を簡素化して示し，行動リハーサルを中心に練習するといったことでその弱さが補えるであろう。ただ，LDと診断される子どもの多くは，PDDやADHDが重複しているので，ソーシャルスキル指導の際には行動面や社会性の困難の程度に焦点を当てる必要があるだろう。

3　PDDの子どもたちへの指導

(1)　PDDの子どもたち

　広汎性発達障害（Pervasive Developmental Disorders：PDD）は，人への反応やかかわりの乏しさなど，社会的関係の形成に特有の困難さがみられる「社会性の障害」，言葉の発達に遅れや問題がある「言語・コミュニケーションの障害」，興味や関心が狭く，こだわりやすかったり，行動の切りかえが難しかったりする「想像力や同一性保持の障害」の三つの主な特徴をもつ発達障害である。これらの特徴は，3歳くらいまでに現れ，軽い程度から極めて重い程度までみられ，個々の状態像も多様である。PDDの三つの主な特徴を具体的に示すと次のようになる。

①社会性の障害
　　○視線が合わなかったり，逆に合いすぎたりする　○表情が乏しい
　　○相手の感情を理解できない　○場の雰囲気が読めない　○協調して遊べない（一人遊び）
　　○社会的ルールがわからない　○羞恥心の欠如がみられる

②言語・コミュニケーションの障害
　　○尻上がりの特有のイントネーションがある　○反響言語（オウム返し）がみられる
　　○呼んでも振り向かない　○指示が理解できない　○助詞の欠如，誤用がみられる
　　○単語の誤用，転用，独特の用法で会話が成り立たない
　　○ジェスチャー，表情などの非言語コミュニケーションが使えない
　　○冗談や比喩などが理解できず，言葉通りに受け取ってしまう

③想像力や同一性保持の障害
　　○反復的，常同的な行動を示す
　　　・手をひらひらする　・体を揺らしたり，ぐるぐる回ったりする
　　○特定の物への固執がある
　　　・決まった道順，位置に固執する　・電車，数字などに没頭する
　　○パターン化したやり方を好み，変えることに強い不安や抵抗の強さを示す
　　　・物を置く位置や向きにこだわる　・日課や習慣などの変更に対して抵抗を示す

　以上の他，次のような困難もみられることが多い。
　　○感覚過敏もしくは鈍麻　○過剰な不安感　○協調運動障害（不器用，動作がぎこちない）
　　○多動や不注意，衝動性　○学習困難

(2) PDDの背景にある障害特性

　PDDの上記の症状や困難の背景には，ジョイントアテンション（注意を共有する），視点取得（他者の視点に立つ），心の理論（他者の考えや気持ちを理解する）の障害が知られている。また，こだわりや考え・感情の切り替えの難しさ，融通の利かなさ，シングルフォーカスなども知られている。おのずと，PDDのソーシャルスキルの問題を考える際には，これらの障害特性について念頭に入れなくてはならない。

(3) PDDの子どもたちへの指導配慮

　PDDの子どもへのかかわり方として，次のポイントをおさえて支援することが必要である。

【学習場面を構造化する】落ち着ける環境を確保する。学習環境を見直し，不必要な掲示物や物品を取り除く。視界に入るものや聞こえるものなど，外界からの刺激を防ぐ。

【安定したスケジュールで活動する】月予定，週予定を知らせる。日課や決められている順番で活動する。変更がある場合は，事前に伝えて了解させる。運動会や校外学習などの学校行事も早めに知らせると混乱を防げる。

【活動の区切りを明確にする】それぞれの活動の終わりと始まりを明確にする。特に，「いつ終わりになるか」をわかりやすく伝える。時計に印をつけて示したり，砂時計などを使ったりすると，先の見通しがもてることにより，情緒が安定する。

【学習や作業手順のわかりやすい提示をする】言葉だけでなく，絵や模型，写真，実物，実演で示す。絵と文字が組み合わさったカードは，さらに理解しやすくなる。

【言葉かけは，短く，明確にする】言葉の理解が難しかったり，ニュアンスを汲み取れなかったりするために，指示はゆっくりと，短く，目を見て話し，聞いているか確認する。そのあと理解できたか反応を待つ。抽象的な指示や言外の言葉（冗談，比喩，皮肉など）を使うときには留意する。

【視覚的にわかりやすく指示を出す】板書を色分けして書いたり，絵カードを示したりすることで興味・関心が持続する。教師や児童によるモデリングも指示理解を高めるのに効果がある。

【わかりやすい評価をする】そのつど評価をしていくことで，活動への意欲が高まる。一つのめあてに一つの評価をしていく。指導に当たって，観点や基準を的確に告げる。マークやシールなど，視覚的な評価がより有効である。

【必要最小限の支援を行う】学習や作業の場では，過剰に援助をしない。児童の意欲をそぐことのないように，支援は必要最小限とする。時間がかかるからなどと，やってあげてしまわない。

【タイムリーな支援を行う】教室を飛び出したり，他者を攻撃したりするなどの問題行動を起こした時は，すぐにその場で指導を行う。後からの注意や叱責は理解されにくく，ほとんど意味がない。パニックを起こした時は，安全を確保し落ち着くのを待って指導をする。

4　ADHDの子どもたちへの指導

(1)　ADHDの子どもたち

　注意欠陥多動性障害（Attention Deficit／Hyperactivity Disorders：ADHD）は，注意を向けたり，一定期間集中したりすることが苦手である「不注意（注意集中困難）」，常に多動で極端なくらいに活動的である「多動性」，予測，考えなどなしに，直ちに行動を起こしてしまう「衝動性」の三つの困難に特徴づけられる障害である。これらの困難は，7歳くらいまでに現れ，6か月以上継続して，2場面以上で認められる場合に診断される。ADHDの三つの主な特徴には，次のような様子がよくみられる。

①不注意（注意集中困難）
　　○学習・作業面でのうっかりミスが目立つ　○課題や遊びで，気が散りやすい
　　○言われたことが頭に入らない　○指示を忘れてしまう　○順序よく取り組めない
　　○集中の必要な課題を避ける　○忘れ物や物をなくすことが多い　など

②多動性
　　○授業中に離席したり，動き回ったりする　○落ちつきがない　○多弁である　など

③衝動性
　　○質問が終わる前に答えてしまう　○順番を待てない　○考えなしに動く
　　○思いついたらすぐに，口に出したり，動いたりする　など

(2)　ADHDの子どもたちへの指導配慮

　ADHDの子どもへのかかわり方として，次のポイントをおさえて支援することが必要である。

【あせらない】学習上，生活上の問題行動を起こしている場合がみられる。これらの子どもたちに対して，指導者は，常にひと呼吸おき，おおらかな心で接していくことが大切である。

【漠然とした表現は避ける】あいまいな表現では理解が困難である。「机の上を片づけて」ではなく，「はさみを道具箱にしまって」「次に，教科書をランドセルにしまって」とするなど，より具体的な言葉で伝えるとともに，行動を確認しながら定着をめざしていく。

【適切な行動を増やす】何かができたり，好ましい行動をしたりしたときは，その場ですぐに認める。「学級文庫を並べてくれてありがとう。とても便利になったよ」「よく練習したから，跳び箱4段が跳べたね。みんなにも教えてあげよう」などのように，具体的で肯定的なフィードバックに基づいた成功体験の積み重ねで，自信がつく。

【ほめるときはみんなの前で，注意するときは個人的に】好ましい行動をしたときには，みんなの前でほめる。注意するときは，なるべく人の目につかない所で行う。これによって，周囲

にその子どものマイナスイメージがつくことを防ぎ，子どもの自己評価を下げずにすむ。

【くどくど叱責しない】 叱責により信頼関係が崩れ，本人は自信を失ってしまうこともある。注意が必要な場合は，何について叱られているかがわかるように，できるだけ短く注意する。「○○はダメ」ではなく，「△△するともっとうまくいくよ」と励ますようにする。

【視覚に訴える】 不注意で見通しを立てることが難しいため，これからやろうとしていることを頭の中で順序立てて考えたり，順序よく行動したりすることが苦手である。活動内容や順序を示す絵カードなどで視覚的に示しながら，見通しのもてる伝え方を工夫する。

【スモールステップで充実感を味わわせる】 見通しをもたせるには，学習目標や学習課題を小さなステップに分け，課題達成の喜びが味わえるようにする。はさみを使う場合に，「まずは1回切ってみよう。それができたら今度は続けて切ってみよう」と伝えたり，算数の練習問題を5問ずつ小分けにして課題を提示したりすると意欲がわく。

【意思表示をし，ゲームを行う】 集団ゲームにおいては，行動のコントロールの悪さがしばしば表れる。鬼ごっこで鬼になると怒り出したり，負けが予想されることには参加を拒むことも多くみられる。事前に「鬼になったらどうする」と問いかけて気づかせたり，ゲームの前に，「鬼になっても泣きません」「負けても最後までやめません」と意思表示をさせたりして，想定される混乱をなるべくなくす工夫をし，参加意欲を高めていく。

【刺激を少なく】 窓の外の様子が気になったり，教室掲示や飼育水槽などへ目移りをしたりすることが多く，注意の集中が難しい。教師が個別的に観察や指示をしやすい座席にしたり，教室内の飾りもあまり過剰にならないようにし，教室環境を工夫して刺激を少なくする。

【評価の工夫をする】 活動意欲を高めるには，評価の方法を工夫することが必要である。評価の表にシールを貼ることは，行動を振り返る上で効果がある。さらに「トークンエコノミー」という方法は，ADHDの子どもたちに効果がある。前もって，「よい行動」と「してはいけない行動」を提示し，それぞれについて点数を決めておく。課題は低めに設定し達成感を得られやすいようにしておく。「よい行動」の点数がたまったらトークン（ごほうび）を与える。反対に「してはいけない行動」の点数がたまったら罰を与える。

【タイムアウト】 イライラしたり，気分が高揚してしまったときに，少し休憩を取るということも必要になる。タイムアウトの部屋やスペースを用意し，落ち着きたいときに利用できるようにするとよい。休憩を取ったり，水を飲んだりして，自分に合った方法を積極的に経験させ，自己コントロールの力をつけさせる。

【専門医との協力】 ADHDの子どもには，中枢神経刺激剤のような薬物が行動コントロールに効果を見せる場合があるので，専門医との協力による指導が欠かせない。

第2章 ソーシャルスキルの指導

1 ソーシャルスキル指導のおさえどころ

(1) 指導のおさえどころ

　本書は，東京都で実践をしている教師や臨床心理士を中心に執筆している。実践する地域や場で実施の仕方は大きく異なると思われるが，どのように障害特性に応じた指導をしていくのか，一般的な指導配慮を各活動のページの中の「おさえどころ」「ひと工夫」に掲載をした。これらの「おさえどころ」をおさえた指導をすることにより，単なるグループ活動やお楽しみ活動ではない，子どもたちの現在と今後の人生に大きく寄与することのできるソーシャルスキル指導となることだろう。

　第3章以降で紹介するソーシャルスキル活動には，「おさえどころ」として，後述する「ソーシャルスキルの指導テクニック」「指導のプログラミング」が組み込まれている。これらに目を通していただいてから，第3章以降の各活動集に進んでほしい。

▼ソーシャルスキル指導で用いられる基本テクニック

教示 (言葉で説明したり，指示したりして直接教えること)	活動の際にも，事前に「テーマ」「ルール」「学ぶべきこと」を明示していくことが重要となる。また，社会的認知障害が強ければ，暗黙のルール（当たりまえのこと）でも明示して教えていく。また，スクリプト（行動の手順や台本）やスケジュールを示し，活用することも，適切な行動を促すために効果的である。
モデリング (モデルを示し，見せて学ばせること)	指導者が手本をやって見せたり，ビデオ映像を見せたりする。また，小集団指導ではグループの仲間の行動に注目させたり，不適切な場面を演じてみて考えさせたりすることも行う。ジョイントアテンションや注意集中に困難がある子どもには，指導者がどこに注目すべきか強調したり，余計な刺激の少ないシンプルな（時には大げさな）モデル提示をしたりすることが望まれる。
行動リハーサル (実際に，練習させること)	ロールプレイングや遊びの中で実際に練習させること。般化や応用力に困難がある子どもには，できるだけ日常の生活場面での実践を組み込んで指導する。うまく行動を起こせるように，プロンプト（適切な行動を促すための手がかり，ヒントを与えること）を上手に与えることもポイントとなる。
フィードバック (振り返り，評価すること)	年齢や子どもの状態により効果的な強化子（ほめ方）は異なる。うまくやれているときに具体的に，肯定的に評価するのが基本となる。「めあて」「目標」「お約束」などの振り返りは，「即時に」「活動ごと」「1日のセッションの終わり」といった機会が考えられるが，子どもの状態に応じて行っていく。
般化 (訓練場面以外でもできるようにすること)	違う場面でもスキルを発揮するように促すこと。訓練場面以外の場（セッティング）でも，指導者やグループの仲間以外の人を相手にでもできるように，指導機関，学校，家庭などで共通認識をもち，一貫した対応と行動の促しをしていく。宿題を出して，スキルを実践させることも行われる。

(2) ソーシャルスキルの指導テクニック

　SSTは，ゲームをして遊ぶことやグループ活動をすることと混同されやすいが，その特徴は，さまざまな技法を通して具体的にスキル（やり方）を教えていくといった点にある。通常のしつけや教育では，主に「並びましょう」「そういった言葉は使ってはいけない」「もう少しだから，我慢してね」などと言葉で直接的に教えていくことが行われる。これはSSTでは「教示」といわれるが，この方法だけでは学びにくいのが発達障害の子どもたちである。したがって，この方法以外に，モデリング（見て学ばせること，モデルを提示すること），行動リハーサル（実際に練習すること，ロールプレイングなど），フィードバック（強化や振り返りを行うこと），般化（どのような場面でもできるようにする）といわれるいくつかの技法も用いていく。これらのテクニックをいくつも組み合わせて確実な学習につなげていくことが重要となる。このような基本的なテクニックのほかにも，自閉症教育や認知行動療法，行動療法などで用いられる指導テクニックもある。これらについては，専門書を参考にしてほしい。

　子どものスキルの獲得や柔軟な対応力を養うために「とまどい場面をつくる」ことも有効である。これは，「ちょっとした意地悪」「肯定的な意味での不親切」といった指導者のかかわりのことである。子どもを戸惑わせるだけのもの，不快な気持ちを与えるだけのものは本当の意地悪になり，子どもと指導者との関係を崩してしまったり，子どもの学習意欲をそぎとったりしてしまうことがあるので注意しなければならないが，子どもにとって少し困った場面をつくり出し，子どもにどうすればよいかを考えさせたり，より適切な行動を促したりするためにつくる「とまどい場面」は，最良の学習機会となる。たとえば，作業時にグループに「はさみ」と「糊」を1つしか与えないで困る場面をつくり，順番交代や貸し借りを促したり，黒板に記入する枠を子どもの手の届かないところに書いて，「低いところに枠を書いてください」「いすを使っていいですか」などと臨機応変に言わせたりするなど，ただ単に，子どもに何でも手助けを行っていくといった優しいだけの指導者では，子どもの力は育ちにくい。

(3) 指導するスキルを選ぶ

　教えるべきスキルは，発達段階や知的水準だけでなく，子どもの障害特性や生活状況によっても違う。まずは，子どもの障害特性に加えて，社会性や行動面の状態を把握していくことが望まれる。対象児について課題となるねらいをピックアップし，それから，ねらいに優先順位をつけ，大きな流れをつけて系統立てて活動を組み立てていくことがよいだろう。

　スキルを選定する始点としては，短期的視点から，現在の問題を解決したり，今の適応を支えたりするスキルを選ぶことも重要といえるが，発達障害としての根本の困難は一生続く可能性があるので，長期的視点に立って，青年期や成人期などの自立が関係する時期に必要なスキルにも焦点を当てることも忘れてはならないだろう。支援者としては，学校での問題や不適応に振り回されてしまい，今後の適応まで念頭に入らない状況は避けたいものである。

また，ターゲットとなるスキル（ねらい）は，対象となる子どもたちの達成可能なものである必要がある。そのためには，子どもの発達段階や準備状態（レディネス）に沿ったものを選んでいく。ターゲットスキルが選定されたら，そのスキルを細分化して捉え，達成可能なレベルから一つずつ学習していくことが望まれる。たとえば，上手に話し合うことを学ばせるためには，「話し合い」スキルを「意見を言う」「理由を説明する」「相手の話を聞き取る」「意見を交える」「意見をまとめる方法を行う（じゃんけん，多数決など）」「折り合いをつける」「決まったことには従う（妥協する）」などといった下位スキルに分割し，対象の子どもがどの下位スキルに困難を示しているか，どのスキルから取り組んでいくかを分析していく。いきなりハードルをあげて失敗すれば，達成感や自信も培われないだろう。

　さらに，スキルを選ぶときに，注意すべき点は，スキルを詰め込みすぎてしまうこと，その子どもにとって不必要なスキルを教えることなどは，後々の過剰適応やフラッシュバックの原因となる可能性があるので留意する必要がある。また，過剰適応気味であったり，「ねばならない」といったこだわりが強かったりする子どもには，「ほどほど」「中庸」「TPO（状況）に応じて」といった観点でも指導していき，柔軟に自分の課題を解決できるように援助する。

(4) 指導のプログラミング

　発達障害の子どもたちは，日常生活を送っている中で自然にはソーシャルスキルを学びにくい。それは，他者と上手に相互交流ができずに孤立していたり，般化困難性のために一度学んだことを他に応用できなかったり，社会的認知障害のために他者のモデルを取り入れたりできないことなどが関係している。また，対人関係で失敗が多いと社会的経験にも恵まれずソーシャルスキルを学ぶ機会が極端に少ない状況に追いやられているかもしれない。そのため，ソーシャルスキル指導は，ていねいで確実な指導の組み方を必要としている。本書では，前作（『特別支援教育［実践］ソーシャルスキルマニュアル』上野一彦・岡田智編著，明治図書，2006.）と同様に，確実なソーシャルスキルの学習をしていくために，認知行動論に基づいた指導を推奨している。①「頭で（認知的）」とは，ソーシャルスキルをやり方として具体的に知ること，ソーシャルスキルの意義や必要性を理解することの2つがある。その次に②「体で（行動的）」学習を促していく。頭でわかっていても実際に行動が伴わなければ，活きた学習とはいえない。最終的には，③「いつでも（般化）」できるようにしていく。これらの学習方法が，バランスよくできるように，指導をプログラミングすることが重要といえる。ソーシャルスキルの活動をただ単に経験すればよいということでは，発達障害の子どもたちのスキルアップは難しいだろう。

　具体的な例として，「No.36　協力レゴづくり」では，この活動をうまく行うためのポイント（遊具の共有，順番交代，協力するなど）を，モデリング場面を提示したり，ルール化したりすることで事前に「頭で」学習させる。活動の中で順番交代を実践させ，随所にプロンプトや

フィードバックを行っていく。その後は，日常の中で「じゅんばん」をキーワードに機会を見つけて指導していくとよい。

【あたま（認知）】	【からだ（行動）】	【いつでも（般化）】
動機づけ（必要性） 知識としての習得 ・教示，モデリング ・スクリプト ・視覚化 ・見通し	行動の習得，定着化 ・適切なプロンプト ・肯定的なフィードバック ・多層的で継続的なリハーサル ・実際の日常場面での練習	訓練場面以外にも応用する ・フィードフォワード，宿題 ・時，場所，人を代えて練習 ・機会利用型指導 ・在籍学級，家庭，各機関との連携

▲認知行動論的な学習プロセス（上野・岡田，2006を一部修正）

2　小集団指導の組み方

(1) 小集団指導の意義

　充実した適応的な対人関係は，ソーシャルスキルの学習の機会を与え，さらに自尊感情や自己受容感をも高めることができる。特に，発達障害の子どもはいじめやからかいの対象になりやすく孤立したり拒絶されたりすることもあり，そのような子どもたちに，適応的な人間関係を築けるような場を設定することは重要であるといえる。

　また，発達障害の子ども同士の人間関係は，世界観や興味関心，行動のペース，楽しめるツボなどが同じになる場合が多くあり，周りからは「奇妙で変わっている」「とっつきづらい子」といった印象を受けがちだが，発達障害の子ども同士であると受け入れてもらえ，満足感のある対人関係を築きやすいといえる。また，同じような困難をもつ仲間は，自分の特長や課題を自己受容していくための最良の鏡ともなる。たとえば，よく自分の意見にこだわってしまうPDDの生徒が，同じグループの仲間が意見を譲らない様子を見て，「そんなにこだわらなくてもいいんじゃない。気軽にいけよ」とアドバイスしていた。このような人間関係を通して，その生徒も自分のこだわりに対して客観的になれることも多くなった。また，以前はゲームに負けると泣いてばかりいた小４の男児は，一つ年下の仲間を見て「おれも，負けるとピーピー怒ってたな」と冷静に指導者に過去を振り返っていた。「人の振り見て我が振り直せ」は，発達障害の子どもにとっては，その対象と親和的で対等な関係であればこそ活きてくることである。

　さらに，指導の場は同時に仲間がいる実践の場でもあるということは，学んだスキルを日常へと般化させやすいといった利点もある。個別の指導であれば，相手が先生であり，より実験室的な指導になってしまうので，学んだことを生活場面に応用するには，相当な乖離が生じるといえる。これらのことを考えると，ある程度指導ニーズが一致した小集団は，ソーシャルスキル指導の基本形態にしておくことが重要といえる。

(2) 小集団の組み方

　本書で紹介するソーシャルスキル活動は，3〜10人の小集団を基本としている。良好な仲間関係を通して，ソーシャルスキル指導を行うとより効果的であるので，子どものグループ構成が重要となる。子ども同士の相性，指導目標がある程度一致していることがグループ構成のポイントとなる。下記に，チェックポイントを挙げる。

○年齢が近い
　幼児（5〜6歳）／小学生1〜2年／3〜4年／5〜6年／中学生の区分がベスト
○遊び，趣味が合う
　活発に動く／室内遊び／パソコンやテレビゲーム／話題／興味関心
○知的水準が一致している
　軽度知的障害〜境界知能／境界知能〜標準／標準から優れているといった区分
○行動，情緒の問題が深刻ではない
　反抗，行為障害，不安，混乱，対人不信が強い場合，グループ指導には不適

　特に，限られた時間で部分的な指導である「通級による指導」を行う場合は，週1回の指導である程度効果が挙げられる子どもを対象とすることが望ましい。軽度知的障害や境界知能，また，自閉症，行動障害が顕著の場合は，固定制の学級などの通級ではない教育の場が適切であることがほとんどである。社会自立を促したり，二次障害（精神症状）を防いだりするためには，早期からの適切な教育の場を選定していくことが望まれる。

(3) 指導者の役割

　子ども3〜10人のグループでは，2〜4人の指導者がいるとよい。幼児や低学年の場合は，指導者が多ければ，グループ指導においても個別的な介入が多くできる。指導の中では，全体のプログラムを進めるリーダーの指導者（LT）と個別的な介入をしたり補助的に動いたりするアシスタントの指導者（AT）に分かれる。それぞれの役割のポイントは下表のとおりである。

　特に重要なのが，ATの動きである。小集団指導の中で，個別の目標を達成するために個別に子どもに働きかけたり，ルールに従って集団参加できるようにプロンプトやフィードバックを行ったりする。また，子どもがパニックになったり，不安を示したり，問題行動を起こしたりしたときに，タイムアウトなどの手続きを行い，クールダウンと話し合いを行っていく。このようなATの働きかけは，LT以上に，子どもの状態を瞬時に把握し，柔軟に対応していくといった指導技能が必要とされる。

LT（一人）の役割	AT（複数）の役割
①参加児にわかりやすい説明をする	①LTの補助
②グループ全体で取り上げたほうがよいことは、活動の流れを止めてでも教示したり、グループで話し合ったりする	②子どもがゲームや活動を理解できるように個別的に補助する
③学ぶべきテーマやスキル（めあて、ルール）を教示する	③個別のめあて（ルール）を個別的に教示、フィードバックする
④モデリング場面、ロールプレイング場面のファシリテーター役をする	④モデリング場面での実演者をする
⑤参加児全員の注意を前に向けさせる	⑤個別的な声かけ（視覚シンボルの活用も含む）で適切な行動を促す
	⑥指導や子どもたちの様子を記録する

3 一日の生活場面を通した指導

(1) 一日の生活場面を通した指導の意義

　東京都の情緒障害等通級指導学級（通級指導教室）では、通級の制度化以前から自閉症の子どもの指導を、主に「小集団（少人数集団）による全日通級（一日を通した指導）」という形態で行っている。筆者らはこれまで、この指導形態以外にも、「一対一の個別指導」や「巡回による指導」「在籍学級でのTTによる指導」「短時間の小集団指導」等の形態を試みてきた。試行錯誤の結果として、現在も「小集団による全日通級（朝から給食後までの指導）」のスタイルを主軸にしている。意図的に構成された小集団により、一日の生活場面を通して指導を行うことで、個々の指導内容を結びつける実践的な指導場面がつくりやすいからである。

　PDD（特に高機能PDD）の児童は、場を整えたりめあてをはっきりと提示したりする工夫さえすれば、比較的容易にスキルを習得させることができる。しかしながら、その般化（習慣化）は、決して容易ではない。

　たとえば、「あいさつ」や「返事」の課題は、特設の時間に取り上げればすぐにできるようになるのだが、どんな場面でもできるようになるにはとても時間がかかる。また、元気なあいさつばかりがよいのではない。学年が上がれば、当然、場面に応じたやり方を身につける必要がある。たかが「あいさつや返事」だが、就労に際しては想像以上のとても大きな問題となる。あいさつや返事がきちんとできるだけで大人からほめてもらえる幼少期に、しっかりと身につけさせたいスキルである。

　実践的な指導場面は、「在籍校（在籍学級）」にもある。在籍校には、現在通級指導で取り組んでいる内容を伝え、指導連携に努める必要がある。しかし、指導者間でいくら連携をとったとしても指導環境のギャップはとても大きい。そこで、通級の授業で習得したスキルを、通級指導のさまざまな場面で実際に使わせて般化の糸口にすることが重要である。その際には、「できるだけ生活に直結した本物の体験であること」「生活上必要な課題であること」として一

日の流れの中で指導するのが望ましい。個々の指導内容と生活を結びつけるには、「生活単元学習（領域・教科を合わせた指導）」的なプログラムが有効な手立ての一つである。

　本書では、ソーシャルスキルを単なる技能としてではなく、習得したスキルを使いこなそうとする態度や人に対する認識といったところまで含めて幅広くとらえている。一日を共に過ごし、さまざまな活動に取り組みながら、「この集団の中でうまくやりたい」という気持ちや、「○○君ってこんな人、○○先生はこんな人」というイメージをつくっていくことが実は重要なのではないだろうか。利害関係のある仲間として他人に関心をもってこそ、ソーシャルスキルが活かされ実践できると考える。授業時間だけでなく、着替えたり、給食を食べたり、遊んだり等といったことに関連する人や集団とのやり取り、日常生活の中での指導を大事にしたい。

(2) 生活場面の中での視覚支援と手順表の活用

　毎日の生活で繰り返し行うことなのに、声をかけ続けないとなかなか自分でやらない。取り組み中に気がそれて、いろいろなことをやってしまい最後までやるのに時間がかかる。同じ場所にじっとしていられず動き回ってしまう。これらの児童に対して、手順表や目印などの視覚的な手掛かりを工夫して提示することによって、生活場面での課題を軽減していく。

　しかし、手順表や、目印を書いて提示したからといって、急にできるようになることはない。「手順表や目印を利用すると上手くいく」ことを児童に理解させる必要がある。言葉をたくさん知っている児童に対しては、つい言葉だけで指示を出してしまいがちだが、視覚的な手がかりは発達障害の子どもを支援する際には有効である。

　【視覚的な手掛かりが有効である理由】
　　○視覚のほうが、聴覚よりも正しく情報処理できる児童が多いこと。
　　○行動の見通しをもつことができること（始めと終わりがわかる）。
　　○行動のイメージを正しくもつことができること（何をすればいいのかわかる）。
　　○忘れたとき、集中が切れたときに、また戻れること。
　　○できたかどうか、最後に自分で確認ができること。
　【視覚的手がかりを提示するときの注意】
　　○手順として書く指示の内容は、読むのに時間がかかるような長さではなく、短く、具体的に、一度に目に入るような「言葉」のほうがわかりやすい。箇条書きにし、番号をつける。
　　○児童の気がそれるような余計なもの（たとえば、不必要な模様や児童が好きなキャラクター、他のイメージをもってしまうような図柄）は書かないほうがよい。
　　○目印や手順表は、児童の行動を型にはめるためのものではなく、バラバラだった動きや取り組みをまとめ、うまく行う方法であることを意識させる。
　【手順表の活用の際のひと工夫】
　　○手順表は、何をするのかという理解ができたら、より短い言葉やシンボル化された印へ

と変化させていってよい。

○高学年になったら，自分で行動の順番を決める，スケジュールに予定を書き込んでいく，締め切りに間に合うにはどうすればいいのかなどの学習もしていく。

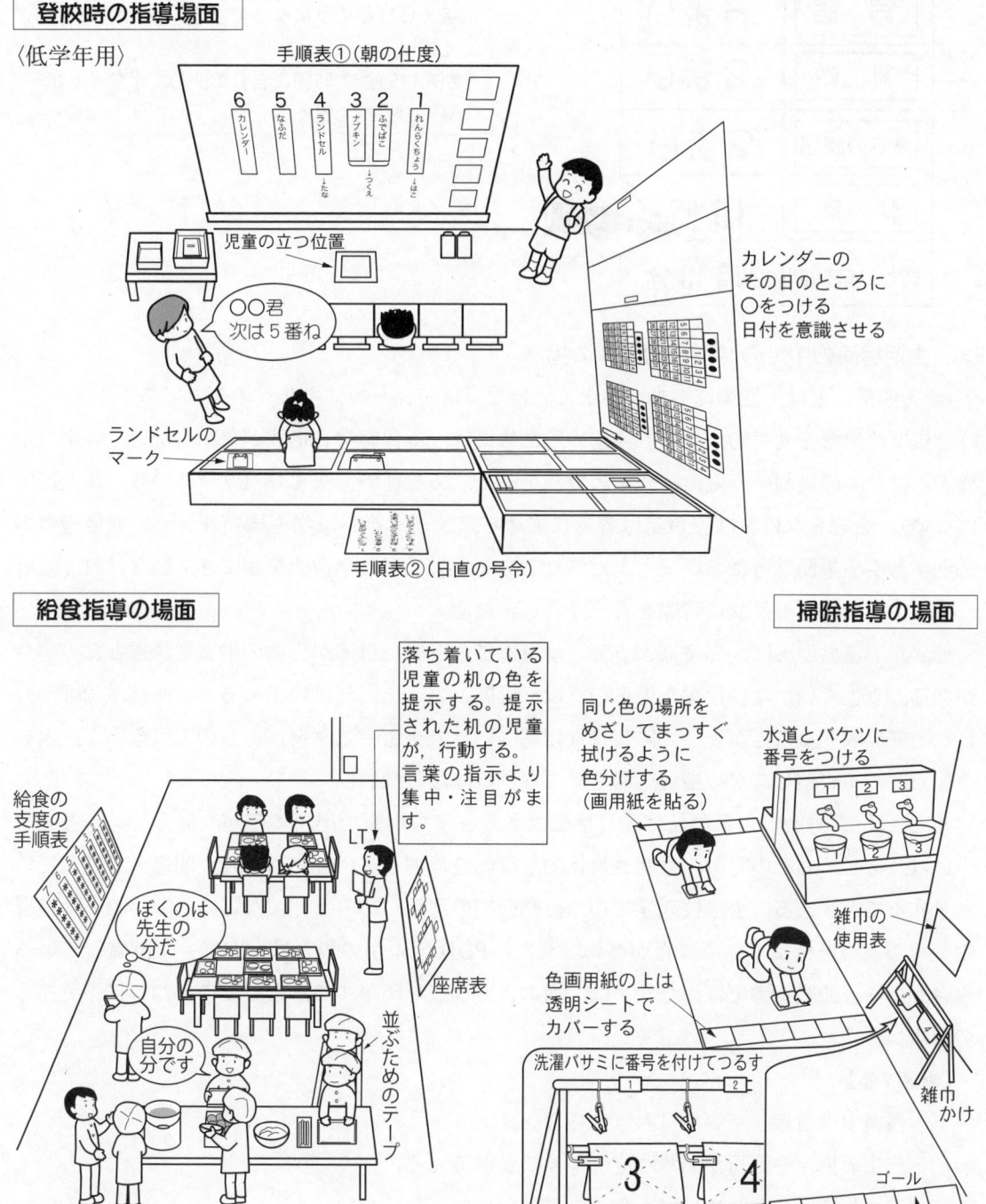

学習のプログラミング

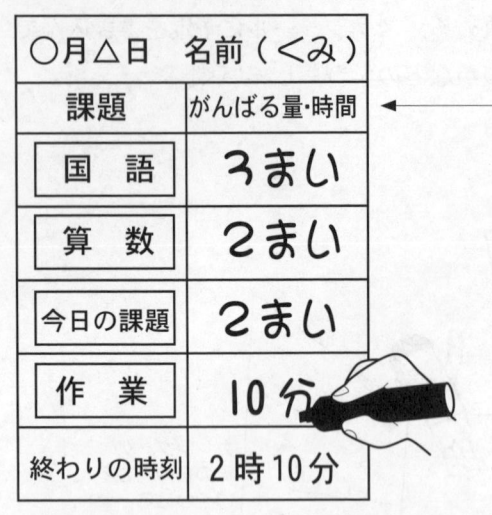

高学年の，一人学習の手順表。高学年は，プログラミングの学習として，いくつかの課題の取り組みの順番を自分で考えさせる。
課題名はマグネットシートに書いておき，貼り替えられるようになっている。自分で順番を考えて貼る。
がんばる量・時間を自分で決めてホワイトボード用のペンで書く。

(3) 生活場面の中での学習態勢形成の指導

　「学習態勢」とは，授業に参加する上で必要な「ソーシャルスキル」のことである。

　学校での学習を効率的，効果的に進めるためには，学習態勢の形成が欠かせない。教師（指導者）は教師の役割を，児童は児童の役割を演じ，ある種の「決まり（クラスのルールだけではない）」を守らなければ，授業は容易に崩壊し，子どもたちは学ぶ機会を失う。通級指導の個別学習や小集団学習においてもまた然りである。最低限の学習態勢ができていなければ，せっかくの通級指導も無駄に時間を費やすこととなる。

　通級指導においては，児童によって「学習態勢の形成」自体が当面の最重要課題となる場合がある。うまくいかない理由を児童の意欲や態度といった面だけに求めると，叱咤激励ばかりになって失敗することが多い。障害特性に基づいた未学習や誤学習があるのではないか，という観点でよく観察しながら指導戦略を練らなければならない。

　たとえば，「号令」に合わせて動く活動はさまざまな場面で出てくるが，従えない子どもの中には，そもそもその号令の意味や具体的な行動を理解していなかったり，間違えて覚えていたりすることがある。小学校入学当初，行動面での課題があった児童などは，ていねいな指導を受ける機会を逸していることが多い。また，PDDの児童の場合は，間違えて認識している場合がある。通級指導では，たとえば，次のような点を図示するなどしてていねいに指導するのがよい。

【着席する】
・授業中は着席していなければならない。
・先生の指示や許可があれば立ち歩くことができる。
・許可してもらうためには，理由を言わなければならない。
・先生が納得しないときは，許可されない場合がある。　　等

【見る・聞く】
- 先生が話しているときには，注目して聞かなければならない。
- 注目すると，先生はその児童がよく聞いていると思うものである。
- 先生が黒板を指さしたときなどは，先生ではなくそれをよく見なければならない。
- 話が終わる前に活動を始めてはいけない。始めるときには合図が出るものである。　等

【発言・質問の応答・発表】
- 児童が発言するときには，先生が許可している必要がある。
- 許可されているかどうか判断がつかない場合は，挙手するとよい。
- 発言したくても，発言できない場合がある。友だちが発言しているときには，黙って聞かなければならない。
- 先生の質問に答えたり，発表をしたりするときには，先生だけでなく，みんなに聞こえる大きさで話すとよい。先生もみんなに聞こえることを期待している。
- 授業中の発言は，です・ます調で最後まで言い切るのがよい。　等

【前へならえ】
- 「前へならえ」は，前の人に向きを合わせ，手を前に水平に伸ばして並ぶことである。
- その際，前の人や後ろの人にぶつからないようにするのがよい。
- 先頭はその場から動いてはいけない。
- たいていの場合，先頭以外の人は後ろへ下がらなければならない。
- 前の人が下がってきたら自分も後ろへ下がる。
- 後ろの人にぶつかりそうになったら，ひと声かけるとよい。
- 「前へならえ」は，クラスのみんなが，同じくらいの間隔で直線状に並ぶために使う号令である。
- 「なおれ」の号令がかかってもその場から動かないのがよい。　等

＊「あいさつ」「見る」「聞く」「発表する」等の具体的な指導の実際は，『特別支援教育［実践］ソーシャルスキルマニュアル』（明治図書）を参照

他にも学習態勢に関することはたくさんある。一度身についたかのように思えた学習態勢が，場面が変わるとできなくなってしまうことはしばしば見られる。般化を考えれば当然，授業中の決まりや号令は，できるだけ統一することが重要である。
　通級指導では，全日通級（下表参照）の形態をとることによって，さまざまな場面における「学習態勢」の指導に取り組むことが可能となる。通級指導での般化の後，在籍学級へとつなげていくのがスムーズである。

▼東京都のある通級指導学級の指導形態

平成〇年度　生活時程とグループ編成					
時程	月	火	水	木	金
8:35～8:50	児童登校・朝の用意……………………………小集団				
8:50～9:35	朝の会（コミュニケーションの時間）……小集団				
9:35～10:20	体育（動作・運動の時間）………………………小集団				
10:20～10:40	自由遊びの時間………………………小集団又は個別				
10:40～11:35	個別（個別学習の時間）………………………………個別				
11:35～12:20	グループ（グループ学習の時間）…………小集団				
12:20～12:55	清掃・給食……………………………………………小集団				
12:55～13:05	帰りの用意……………………………………………小集団				
13:05～13:15	帰りの会（コミュニケーションの時間）…小集団				
13:15～13:45	児童下校（各自の在籍校へ）				
（個別14:00～15:00）	巡回相談日	研修	会議	個別学習	個別学習
グループ編成 （小集団・個別併用で朝から給食後までの指導）	P（3年） Y（2年） イ（3年） ロ（3年） ハ（3年）	A（6年） C（6年） D（6年） E（6年） H（5年） W（5年）	Q（3年） R（3年） S（2年） T（1年） U（1年）	F（5年） J（4年） L（4年） M（4年） O（3年） X（3年）	B（6年） I（5年） G（5年） K（4年） N（4年） Z（5年）
個別指導のみ				ニ（3年）	V（6年）

(4) 生活場面の中での日常コミュニケーションの指導

　筆者らの通級学級では，一日を通して，教師と子どもの二者関係（二者のコミュニケーション）だけでなく，子ども同士の集団での関係（集団のコミュニケーション）を形成することを狙って指導している。集団で活動をする中で，必要とされる日常コミュニケーション（言語だけでなく非言語も含め）の力を身につけ，場に応じた人とのかかわりができるように支援していく。下記に筆者が行った通級指導学級での日常コミュニケーションの指導の実践例を示す。

【A君（小学校1年生）の一日とコミュニケーション】　（太字……活動　[　]……ねらい）

【登校】　8時35分

　A君は，登校するとすぐに，**あいさつを交わす**［視線を合せて「おはようございます」を言う／適度な声の大きさ］，**連絡帳を提出する**［連絡帳を所定の場所に出し，家庭や在籍学級からの報告事項がある場合は話す／他のことに気をとられることなく行う］，**着替えをする**［自分で決めた時間内に着替える／服をたたんでしまう］，ここまで済ますと，朝の楽しみであるリラックスタイムができる。

【リラックスタイム】

　運動の好きなA君は，短い時間でも，プレイルームで遊びたがる。朝の会が始まるまで担当の教師と**ボール遊びを行う**［担当者と会話の応答（「行くぞ」「来い」の掛け声から）をする／相手の反応を意識して力加減をする／使った用具の片づけができる］。動くことで，体も心もスッキリする。ふれあいの中で，教師と子どもの信頼関係が築かれていく。

【朝の会（日直の役割の遂行）】　8時50分

　A君は，片づけを終え，**学習室に集まる**［全員が揃うまで座って待つ／遅い子への注意はしない］。会の進行は，リーダー（LT）が行う。A君は日直だったので前に立って，**号令をかける**［適度な大きさ／他者の様子を見る／タイミングよく声をかける］，**予定を発表する**［今日の予定を伝える］，**出席をとる**［メンバーの名前を呼ぶ／返事を聞いて出席表に磁石を貼る］，**一分間スピーチを行う**［適度な声の大きさ／事前に考えてきた話題を話す／質問を聞いて応える］，担当の教師と**個別目標の確認を行う**［個別目標の確認／動機づけ］，**次の予定を告げる**［教師と進行をバトンタッチする］。

【コミュニケーションの時間】　9時10分

　月ごとに，ゲームなどの活動を設定している。『No.6　じゃんけんゲーム』を行った。日直が号令をかける，**ゲームのルールや約束を提示する**［ルールを守る／くやしくても怒らない／負けても最後まで行う］，**ゲームを行う**［負けの受け入れ／くやしさの表現と認知］。A君は，負けるとむっとした顔になるが，周りからの勝者への「おめでとう」の声に合わせて，「おめでとう」と言っていた。教師は「くやしかったけど，最後までやれたことがよかった」と声をかけると，「くやしかったけど，まぁ，楽しいからいいや」と返していた。負けて怒っていたB君に「まぁ，負けるときもあれば，勝つときもある。時の運だよ」と励ましていた。

【休み時間】 10時20分，13時（20分間）

　運動動作の時間が終わると，すぐにプレイルームに走っていった。教師は「遊ぶのはまだ早いんじゃない？　先に何をする必要がある？」と聞くと，A君は「やべっ，着替えしなきゃ」と着替えを済ませた。運動着をたたむと教師に「プレイルームいい？」と言ったが，教師は首をかしげ，「ちゃんと教えてくれないとわからない」と返す。A君は「プレイルームで遊んでいいですか？」と言い直す。プレイルームではA君は教師にボールを投げて，「へい，パス」と誘ってきた。教師は「キャッチボールするの？　誰かやらないか，誘ってみてよ？」と促す。Aは「キャッチボールやる人！？」と声をかけると，B君が加わってきた。2〜3分してから，教師は遊びからはずれ，子ども同士のキャッチボールが続いた。

【個別の時間】 10時40分

　個別学習［学習態勢の確立／認知能力の向上／つまずきの解消］でのA君は，学習の流れを覚えると，得意にしている「新幹線のカードも学習の中に入れて欲しい」と要求できるようになった。学習の流れも自分で組み立てて，登校して来るようになった。読み障害もあるA君は，苦手な音読の課題でも，担当者と交代で文を読んだり，交代に計算したりすることにも喜んで参加するようになり，読みに対する抵抗感も解消してきている。

【グループの時間】 11時35分（45分間）

　小集団での活動（音楽，制作，校外学習，お楽しみ会など）では製作活動『No.61　コリントゲームを作ろう』を行った。**教師の説明を聞く**［静かに聞く／見通しをもつ／わからないことを質問して聞く］。教師と話し合い，**自分の作品のイメージをもつ**［教師に自分のイメージを説明する／教師の提案を聞く／自己決定する］。**製作**［微細運動／道具の操作／手順に沿って行う／援助を求める］では途中でA君は，「一人で作るから」と言い張っていたが，「〇〇先生，釘の仕上げをお願いします」と，協力して作業を進めるようになった。

【給食の時間】 12時20分

　給食［清潔／身だしなみ／会話を楽しむ／偏食の改善］の時間でのA君は，「牛乳キャップについている番号は何番？　ぼくのは，5＋8だけど」と食事中の会話を楽しんだ。給食の後半には**もぐもぐタイム**（おしゃべりする時間）を設けている。「B君の問題なんだろう？　A君わかる？」「そのアニメはC君も詳しいよね」などと教師は子どもの会話に教師だけで応えるのではなく，他児にも広がるように心がけた。

【帰りの会】 13時05分

　帰りの支度［持ち物の確認をする（チェックカードの利用）］を済ませ，着席する。個別目標などの振り返りを行う［目標の自己チェック／1日を振り返る］。今日の感想ではA君は，「今日楽しかったのは，休み時間のキャッチボールです。B君の速い球をキャッチできました」と発表した。子ども同士の集団での関係の形成が進んでいることを感じた。

4　発達障害の子どもの心理社会的発達

(1) 心理社会的発達の段階

　発達障害の子どもへの指導は，認知発達だけでなく，そのときの年齢や社会性の発達の段階によってもかなり違ってくる。友だちと趣味の話をすることは，小学校低学年ではそれほど重要ではないのだが，高学年や思春期になると仲間関係維持のために大切なスキルとなってくる。また，強化子にシールや折り紙を使えるのは，せいぜい小学校4年生くらいまでだろう。ソーシャルスキルの指導内容だけでなく，指導方法や配慮方法についても，年齢段階によってかなり差異があるといえる。

　このような指導配慮の違いは，子どもの一般的な心理社会的発達の段階を考えるとわかりやすい。指導効果をあげるため，また，無力感やフラストレーションを積み上げないようにするために，認知発達や心理社会的発達に応じた支援は重要視される。

	心理社会的特徴	指導・配慮のポイント
乳児期（0歳〜）	・愛着，基本的信頼感の形成 ・感覚や運動を通した思考 ・視線，表情の参照，共同注視	・養育者との関係を支援 ・安全で心地よい体験 ・欲求充足
幼児期（3歳〜）	・行動や欲求をコントロール（自律）しはじめ，ルールに沿う。 ・言語が思考や自律の道具になり始める ・養育者から集団（友だち）への広がり	・安全基地としての養育者 ・安心して集団参加をする ・自律することの達成感を得る
学童期（7歳〜）	・学業，運動，遊びなどのコンピテンス（有能感）が焦点 ・自他の識別，心の理論が成立 ・具体的な思考	・仲間と遊ぶ，集団に参加することへの支援 ・成功体験，達成感の積み上げ ・ルールを知り，遵守する ・「得意なこと」「苦手なこと」の自己理解
思春期（11歳〜）	・抽象的な思考が可能 ・集団同一性，仲間関係の深まり ・自己理解，自己受容が課題となる ・自己概念の混乱，拡散 ・精神的，身体的な成長，自立	・他者の心や社会のルールを論理的に捉える ・興味・関心の合う仲間関係の構築を支援 ・ストレスへの対処 ・自分との折り合い，適正の自己理解 ・社会参加に必要な知識・技能の習得

(2) 乳幼児期の子ども

　乳幼児期に養育者に愛着行動を示さない発達障害の子どもも多くいる。いわゆる"手のかからない子ども"は抱っこをいやがったり，養育者を泣いて求めることをしなかったりといった子どもである場合も見られる。そのため，発達障害の障害特性が原因となり，愛着形成に支障をきたしてしまう場合がある。ただ，そういったケースでも，コミュニケーションが広がっていく幼児期や学童期前半になって，急に養育者に甘えだしたり，問題行動で注意を引いたりすることもあり，後々に愛着形成をはかっていくのである。こういったケースの場合は，子どもが保護者の注目を要求し始めた時期に，適切に保護者が子どもの愛着行動に注目し，子どもに気持ちや存在を受容し，情緒的な親子関係が築けるように，教師などの支援者は保護者を支えていくことが望まれる。

　幼児期には，自分の体や欲求をコントロールしていくことに焦点が当たる時期でもある。また，人間関係も養育者との二者関係から，教師や仲間といったように広がりが出てくる。集団行動がはじまり，ルールに自分を合わせなくてはいけなくなる。

　こだわりが強かったり，多動性や衝動性が高かったりする子どもの場合，この時期に集団行動や家庭生活で危機的な状況をむかえるといってよい。周りに合わせられた，ルールを守って楽しく遊べたなど，自己コントロールしてそこから達成感（自己効力感）を味わい，さらに自分を上手にコントロールするようになり，集団行動や仲間関係を営んでいく。このようなポジティブなサイクルに子どもが乗れるような支援が必要であろう。新しいことや状況の変化に不安を抱えることに対して，また，衝動性や多動性に対しての支援や指導が望まれる。

(3) 学童期の子ども

　小学校の時期は，心理社会的発達段階では，生産性や積極性を獲得する時期とされる。子どもたちの世界は，"できること""できないこと"に焦点が当たりやすく，有能に「遊び」「運動」「学業」などを行っていくことに価値が置かれやすい。LDの視点が重要視されるのは小学校低学年の時期であるが，学童期の心理を考えると当然のことであろう。この時期には，集団行動でも学業でも遊びでも達成感をもってこなしていけるように配慮が必要であるといえる。そのためには，指導者は子どもたちのモチベーションや情緒が豊かに広がるような指導を展開し，"うまくやれている自分"を多く経験させていく。

　学童期は時に潜伏期ともいわれ，問題や病理が隠れやすい時期ともいえる。問題が隠れやすく，一般の教員では発見や理解が難しい子どもたちもいる。その代表的なものが愛着障害のある発達障害である。養育者との愛着関係が築けておらず，基本的な信頼感がなく，強い対人的な不安感を抱えている子どもは，対人関係が不安定で無気力で，時には無差別の愛着と攻撃を周りに撒き散らす。愛着障害とADHD・PDDは対人関係における不適応の状態が似通っている。抑制型の愛着障害（人にかかわろうとしないタイプ）はPDDに，脱抑制型の愛着障害

（誰にでも愛想よくかかわっていくタイプ）は ADHD と混同されやすく，誤診がみられることもある。ただ，発達障害で愛着障害の子どもも少なからず見られ，その場合は，発達障害の障害特性や生活上の適応に直接アプローチしていくことよりも，基本的信頼感や安心感の獲得や情緒の混乱の改善をねらった対応が必要となる。また，家庭の養育力やどのくらい変化が望めるかといった家庭環境や家族関係のアセスメントも重要となり，家庭での適切な養育が望めなかったり，家族病理や養育者の病理が強かったりする場合は，福祉との連携も視野に入れ，教育では慎重で手厚い対応が必要となるであろう。

(4) 思春期の子ども

　小学校高学年や中学生の時期には，仲間関係，同性のモデルが大きな役割を果たす。同年齢の仲間が，あるときには自分を映し出す鏡になり，自己イメージの形成が図られ自分のあり方や価値観を調整していくようになる。また，他者と興味関心や価値観を重ねることで，自分の特徴を自覚し，受け入れていくきっかけとなる。この時期に，安定した仲間関係が築けていないと，大事な社会化の機会を失うこととなる。

　思春期は，仲間関係を通して，性役割，社会的なモラル，自己受容などの多くのことを学ぶ。発達障害の子どもについても，他の子どもと変わらず，思春期は自己や情緒の混乱，「甘えと自立」「自由と責任」の葛藤が生じやすい。そういった時に，発達障害の仲間またはペースや気の合う仲間はキーになる。モデリングを通した社会的学習に困難があるとされる発達障害でさえも，仲間意識や同一視が高まる時期で，仲間から自分自身のあり方についての多くのことを学び，適応感を得ることで情緒の安定が計られ，仲間の鏡を通して自己に気づき，自分を受け入れたりしていくことがある。そのため，思春期に小さくても，浅くても，仲間関係をつくれるように支援していくことは重要であるといえる。

　認知能力や思考力も育つ時期なので，周りの状況が徐々に見えてくる子どもも増えてきて，自分がいじめられていることや周りと違っているということに気づくようになる場合も多い。精神的，身体的にもさまざまな変化が訪れ，危機を迎えやすい時期でもある。このようなさまざまな状況が重なり，この時期に，抑うつ，被害感，強迫症状などの精神症状を出す者も多く見られる。支援者は，発達障害としての困難だけでなく，二次的に生じる精神症状についても理解しておくことが重要で，医療機関の利用やカウンセリング的対応なども考えていくことが必要となる。

5 発達段階に応じた指導

(1) 集団行動に対する成功体験

　発達障害の子どもたちは，年齢相応とまではいかない場合もあるが，それなりの社会参加をしている。その子なりの成長を遂げ，周囲との関係を次第に円滑にしていくこともあるし，周囲との軋轢を重ねたり，自分の中で矛盾を膨らませたりし，次第に問題が明らかになっていくこともある。発達障害の子どもの周囲の子どもたちも，その年齢で発達段階による特徴を示すのは当然であり，その周囲の発達の段階も念頭に入れなければならない。発達障害の子どもが，日常の生活においてどのような集団の中で力を発揮していくのか，具体的なイメージをもち，そこにつなげることを強く意識してソーシャルスキルの活動を展開していく必要がある。

　幼児期は，それまでの養育者との二者関係から，集団行動が始まり，養育者以外の人間とコミュニケーションをとり，集団のルールが求められるようになる時期である。集団生活や対人関係での困難は，幼児期からはじまり，義務教育卒業まで続くこともある。幼児期の早期の段階から，みんなと一緒に遊べた，ルールに沿って遊べた，順番が守れたなどの集団行動に対する成功体験を，スモールステップで積み上げることが大切である。失敗，叱責，対人的不安感，集団に対する拒否感，といった悪循環に陥らないよう配慮が行き届くようにしたい。

(2) 「危機」への対応

　小学校の時期は，遊びでも，運動でも，学習でも，できるかどうかが子どもの心理としては重要な価値であり，他者からの評価も，自己評価もその点に大きく左右される。発達障害の子どもたちが抱える問題は，取り組みが進むに従って改善される面もあるが，年齢が高くなるにつれて，新たな問題が生じてくる傾向もある。集団行動に参加しきれず，自己評価を下げてしまったり，周りの子どもたちから低い評価の目で見られたり，時にはいじめの形をとられたりしてしまう。そのような不適応が続くと，子どもの心の中に「危機」が生じてくる。そのための支援の一環としてソーシャルスキルの指導が求められる。

　ソーシャルスキル指導を進めるに当たっては，子ども自身のモチベーションをいかに高め，活動の中で，いかに子どもが成功体験を積み，ゆたかな情緒をはぐくむことができるかがポイントとなる。活動の中で具体的に目標設定を行い，子どもとともにその目標を達成させていくことで自信をもたせる工夫が求められる。「危機」的状況が厳しければ厳しいほど，ソーシャルスキル指導の成果を挙げることは難しいが，長期的な見通しをもって，スモールステップで指導を進め，少しずつでも達成感をもたせながら指導を進められるとよい。具体的かつ直接的に指導者が肯定的な評価をする場面を多くつくっていくことが必須である。

　発達障害の子どもは，状況を捉える力の弱さや，表現力の弱さなどから周囲とのトラブルを

起こしたり，「いじめ」を受けたりするなどの問題の表れ方が深刻になっていく時期がある。取り出しでの指導場面は，必要な力を伸ばす場面でもあるが，一方で，日常生活の問題を誰かに伝えようとする場面，誰かが一緒になって取り組んでくれる場面にもなっているといえる。指導者側が日常生活での状況を把握して，指導場面に臨む必要が高まっていく。

(3) 「友だち関係」のプレッシャー（活動集団を「友だち集団」に）

　ギャングエイジといわれる小学校中学年くらいから，通常の子どもたちは特定の友だちを意識するようになり，友だち集団をつくり，多くの生活場面においてそのグループで行動をともにするようになる。この時期に，上手にグループに入ることのできない発達障害の子どもは，孤立を自ら選んで心の安定を図ったり，「友だち」ができないことで自分を低く評価してしまうことがある。学校規模が小さい場合などは，特定の友だちができなくても，周囲から存在は認められているので，いじめが起きることもなく，場面場面で声をかけてくれる子どもがいて，幼児期から周囲との関係が安定して続くこともある。しかし，「友だち」についての固定的なイメージにこだわってしまい，その友だちができない自分について悩みを募らせるケースは少なくない。さらに，「友だち」をつくろうとして，自分から積極的にアプローチしては，そのやり方が上手ではなく逆効果になってしまい，自己評価をさらに下げるというケースも見られる。

　こうした時期には，ソーシャルスキルの指導場面が，トレーニングの場でもあると同時に，貴重な友だち関係を味わえる場にもなっていく。時間や場所などの非日常的な場面かもしれないが，たとえ週一回だとしても，そこでの安心できる人間関係が，子どもの心を支える大きな柱となることもある。安心できる仲間関係の中で，自分自身のあり方について考えさせられたり，仲間の鏡を通して自分に気づいたりして，自己理解や自己受容を進めることが期待できる。休日に約束して遊ぶなど，指導場面にとどまらず，生活の中へその「友だち」関係を広げていく支援へと発展させることも考えていいだろう。

(4) フォーマルな関係の中に入っていける力

　友だちがうまくつくれなくて，自信をなくしてしまいがちな子どもも，フォーマルな関係の中において集団活動に参加することで，自己肯定感を保ち，自分なりのあり方を見つけていける可能性がある。

　年齢が上がるにつれて，幼稚園・保育園，小学校では規律ある集団行動が求められる場面が増えてくる。小学校では場合によっては40人近い人数での規律ある活動が学習レディネスとして求められる。ルールに沿って授業に参加できるためには，さまざまな面でのソーシャルスキルが求められるのである。さらに，学年が進むにつれて，学習場面で，「班活動」やペア学習，生活場面でも，清掃や給食当番での班活動，自治的活動として話し合いやさまざまな学級活動

が展開される。高学年から中学校にかけては，より自治的な要素が高まっていく。
　そうした，学校における集団活動は，どれも教師が主導し，おおよそ先の見通しがもてる形で進行することが多い。中学校における自治的活動でも，何らかの支援をすることで発達障害の子どもも参加する形をとることは可能である。フォーマルな「集団」は，指導者の少しの配慮があれば，プライベートの「友だち関係」よりははるかに単純に説明がつき，見通しをもって参加しやすいともいえる。年齢に応じた学校生活への適応について配慮して，ソーシャルスキルの指導をしていくことで，学校生活の中のフォーマルな人間関係において少しでも困難さを減らし，否定的な自己評価をさせないことができるはずである。

(5)　生きる力を支えとした自己理解

　ソーシャルスキルに関連した問題では，人とのやりとりが中心的な課題となることが多いが，学習場面でも，生活場面でも，運動場面でも，活動そのものをどれだけやりこなすことができるかも重要な問題である。技能を獲得し，能力を伸ばしていくに当たって，模倣する力や，状況に応じて判断する力の弱さは大きなハンディとなる。年齢に応じてつけるべき，生活，運動，作業などの基本的能力を身につけさせたい。
　周りに適応することばかりに視点を置くのではなく，何が「できること」なのか，そして，何が「できていないこと」なのか自己理解させることも重要視したい。そのことが，周りから認められることにもつながり，自分に対して肯定的な評価をすることにもつながっていく。具体的な活動での肯定的な自己評価があることを支えとして，社会性に関して自分のもっている課題や問題を，きちんと自己評価して受け入れることができるように指導を展開していきたい。個人差は大きいが，小学校高学年から中学生にかけての大きな課題である。

(6)　ストレスマネジメント

　発達障害の子どもだけでなく，すべての子どもについてストレスとどうつきあっていくか，ストレスマネジメントが教育課題として捉えられるようになっている。社会性の指導場面は，子どもたちの「今」のストレスを和らげる場でもあり，自分のストレスを捉え，上手につきあっていく方法を身につける学習の場でもある。自分の特性を理解することにもかかわっていく課題だともいえる。小学校高学年から中学生については，「感情の認知」「感情の統制」「自己表現」などがねらいになるプログラムの中にさりげなく組み込んでいけるとよいのではないだろうか。

第3章 幼児のソーシャルスキル活動

　幼稚園・保育園は集団生活の出発点である。近年では発達障害児の多くが保健所等での健康診断において発見され，フォローされる場合が増えてきている。一方で高機能自閉症やアスペルガー症候群等広汎性発達障害やADHDの子どもたちは，家庭での生活では気づかれずに，就園先の集団活動に参加できないなどの理由からはじめて発見される場合もある。

　発達障害の子どもたちにはその子どもの状態に応じた対応が求められるが，まずは1対1場面でのコミュニケーションの力を伸ばすことが大切である。そして，1対1でのやりとりが十分にできるようになってきて，応じる力や伝える力など，基本的なコミュニケーションスキルが伸びてきたら，小集団で，一斉指示の理解やゲームへの参加などの練習をすることが必要になってくる。

　幼児期は，語彙が増え，次第に物の操作や形の認識の力が発達し，理解力や判断力もぐんと伸びるなど，特に成長著しい時期である。このため生活年齢によって課題自体やその呈示の仕方にかなり差異があることを考慮しなければならない。年中時期には，園での生活においてもルールのある活動やゲームが出てくるが，年長になるとそのルールもより複雑になってくる。こうした園での生活に参加できるようにするためにも，特別に設定された場でグループ活動を行い基本的なルールを知り，経験することは有用である。

　幼児期の特徴のひとつとして，成長が著しい一方で，まだまだ未発達でセルフコントロールが困難な場合が多いという点があげられる。こうした点は，わかりやすい手だて（絵カード）やシンプルなルールを基本とすることで不用意に失敗しないよう配慮したい。

　グループでのソーシャルスキル指導は，年少児から，年中，年長とそれぞれに実施可能であるが，1対1での関係が十分に成立するか，言語発達や認知発達の状態はどうか，ある程度安心して参加できる状態かなど，実施にあたっては慎重な判断が必要である。

　また，年長になって意識されるのが，学校生活である。学校生活は幼稚園・保育園との集団生活とは，またがらりと違ったさまざまな力が求められるようになる。年長児への社会性指導では，学校での集団生活をイメージした活動を少しずつ取り入れていくとよいだろう。

　本章では，集団参加そのものをテーマにしたプログラムのほかに，順番交代や，ルール理解など，基本的なゲームをとりあげた。また，認知発達や運動発達を促しながら，友だちとかかわる経験を増やしていくプログラムもある。

| 幼　　児 | 小学校低学年 | 小学校中学年 | 小学校高学年 | 中　学　校 |

No.1　はじまりの会・おわりの会
着席する／静かに聞く／見通しをもつ／自己理解／役割遂行

対象児　3～8人
時間　5～10分

　1日の活動の始まりと終わりに行い，活動へスムーズに入るための導入，活動を締めくくる区切りとなる活動です。はじまりの会では，挨拶，出欠の確認，今日のスケジュール確認，クラスルールや個別のお約束の確認などを行います。その日の活動の見通しをもてるよう，スケジュールやお約束（取り組むべきめあて），学習内容などを黒板に掲示します。おわりの会では，今日の活動の感想を発表する，クラスルールや個別のお約束の振り返り，出席シール貼り，終わりの挨拶などを行います。はじまりの会・おわりの会ともに日直が進行し，役割を遂行することも学んでいきます。

実施環境　LTが司会をし，日直に役割を伝える。ATは個別的に声かけをする。
準備物　①スケジュール絵カード　②日直の手順表　③クラスルール表やお約束表　④振り返りシート（おわりの会）

おやくそくごと　←はじまりの会に確認する

よいしせいですわる				
	4/8	4/15	4/22	4/29
ゆうた	☺	☺		
じろう	😐	☺		
はじめ	☺	☺		

☺よくできた　😐ふつう
☹やりなおし

↑おわりの会で評価する

ふりかえりシート

なまえ＿＿＿＿＿＿

○をつけよう

1 はじまりのかい
2 はっぴょう
3 ぺあさがし
4 ふうせんばれー
5 おわりのかい

が

☺ たのしかった　うれしかった
☹ こまった　むずかしかった
😮 どきどき　びっくりした
😠 いらいらした　おこった

✎おさえどころ

・毎回同じ形式で行うことで，着席・静かに聞くなどの学習態度の形成や日直の役割の遂行を促していく。
・活動のスケジュールや日直の手順表，お約束ごとなどは，黒板に視覚的に提示する。幼児には絵カードをつけるとよい。ATは，個別にどこに注目すべきなのか子どもに声かけをする。

➡ひと工夫

・時間通りにはじまりの会を始められるよう，子どもの困難に応じて工夫する。行動の切り替えが苦手な子には5分前から予告する，見通しがもてないと不安が高まる子には教室に来た時点で活動内容を個別に伝える，集中や注目するのが苦手な子にははじまりの会の前に簡単な手遊びや絵本の読み聞かせなどをして自然に前に視線を集めるなどが有効である。
・個別の約束とその振り返りは，自分での振り返りと指導者からの評価の両方を年齢や発達に合わせて行う。まわりからほめられるのがうれしい幼児・低学年なら，全体の場で評価をする。小学生の中学年以降は，他者からの評価を気にするようになるので，個人の専用ノートを用意して個別的にするとよい。基本的にはできているところ，がんばったことを中心に肯定的にフィードバックをしていき，ねらいやお約束ごとをがんばろうとする意識を高める。

| 幼児 | 小学校低学年 | 小学校中学年 | **小学校高学年** | 中学校 |

No.2 発表・インタビュー
情報の伝達／情報の聞き取り／質問・応答のルール／注意集中（聞く・見る）

対象児 2～8人
時間 15～25分

> 簡単なテーマに沿った内容を各自が考え，みんなの前で発表します。発表の仕方や話の聞き方，挙手しての質問・応答などの基本的な学習活動の形式を学びます。毎回取り入れ定着を図ります。

実施環境 教示5分，ワークシートの記入（またはインタビュー）5～10分，発表・質問5～10分。LTが発表の仕方の教示やモデリングを行う。ATは，ワークシートを記載したり，上手に聞いたりできるように個別に介入する。

準備物 ①発表の仕方掲示シート ②ワークシート ③筆記用具

黒板に掲示する発表の仕方シート

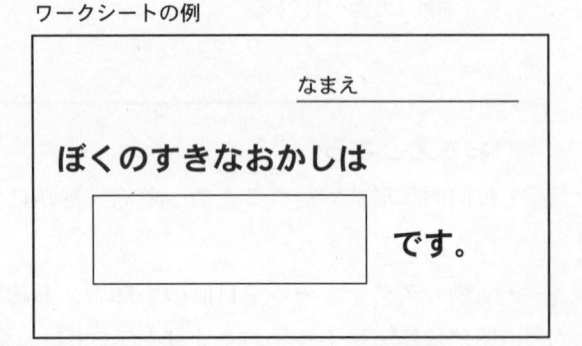

はっぴょうするときは
①よいしせいでたつ
②ちょうどよいこえで

きくときは
①はなしているひとをみる
②しずかにする

ワークシートの例

なまえ

ぼくのすきなおかしは

□ です。

✎おさえどころ

・子どもたちが興味をもてるテーマを設定する。直前に体験したことや実物（工作の作品や自分の宝物，本など）を持って発表するとイメージを共有しやすい。
・発表の仕方は事前に教示しモデリングしてみせる。必要であれば，声の大きさスケールを用意しちょうどよい声の大きさを練習する。聞く際のよい姿勢を図示してもよい。
・聞く側の集中時間に合わせて，発表の人数や時間を調整する（数回に分けて行うなど）。聞いている人に発表内容について尋ねたり，1人1回ずつ質問をしたりするよう設定し，内容をよく聞き取るよう促す。また，仲間の発表中でも衝動的に話してしまう子どもがいる場合は，発表の最後に設定した「しつもんタイム」で質問するように促す。
・典型的な質問をいくつか用意しその中から質問させたり，「～ですか？」と疑問形で尋ねるよう指導する。

➡ひと工夫

・小学生では，発表内容を的確にまとめられるようワークシートを用意する（「いつ・どこで・だれと・なにを・どうおもった？」「理由は～だからです」など）。学年が進むにつれ，発表の形式よりその内容や仲間との相互交渉(質問して応えるなど)に重点を置く。

| 幼　児 | 小学校低学年 | 小学校中学年 | 小学校高学年 | 中　学　校 |

No.3 のりもの遊び
順番待ち／静かに聞く／注目する／ルール理解

対象児　2～6人
時間　5～10分

子どもが席に着いた後，口を閉じて静かにしましょうといった絵カードを提示し，指導者の話を静かに聞くことを伝えます。その後，着席して待つ，順番ボードに参加している子どものカードを貼り順番が終わればカードがなくなる，1人の順番につき1周などの簡単なルールを伝えます。ワゴン（カゴにタイヤがついたもの）に子どもが乗り，指導者がワゴンを押してクラスを1周します。終わった後，椅子に着席をして待つことを促します。

実施環境 ▶ LTがカードを提示・ルール説明をする。ATは順番待ちを促す，個別的に声かけをする。

準備物 ▶ ①口を閉じる絵カード　②順番を待つためのボード　③子どもを乗せるワゴン

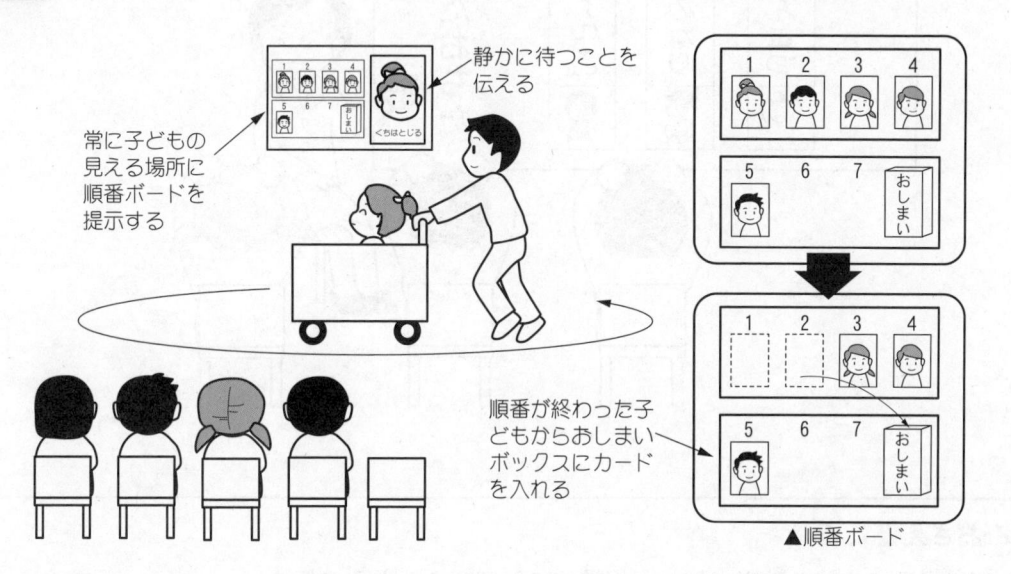

常に子どもの見える場所に順番ボードを提示する

静かに待つことを伝える

順番が終わった子どもからおしまいボックスにカードを入れる

▲順番ボード

✎おさえどころ
・学習態勢（参加する，静かに聞く，順番を待つ，交代するなど）の形成がねらいなので，初めのほうは，椅子に座らせたり，順番を視覚的に示したりなどの物理的な構造化を行う。
・着席して待つことに慣れたら「きちんとすわる」や「じゅんばんにならぶ」などの絵カードを用いた指示を新たに増やしていく。
・子どもたちが楽しめるように，コースをサーキット場にしたり，駅を通過するような線路にしたりする。順番待ちに対して動機づけられるように，魅力的な乗り物遊びにしていく。

➡ひと工夫
・順番交代や集団参加が可能になったら，「電車ごっこ」として車両を増やして，複数の子どもで連結してコースを回ってもよい。

| 幼児 | 小学校低学年 | 小学校中学年 | 小学校高学年 | 中学校 |

No. 4　手遊び歌
着席する／注目する／動作模倣／微細運動

対象児　2〜6人
時間　5分

幼稚園や保育園ではさまざまな手遊び歌を行うことがありますが，手遊び歌は指導者の指示に従ったり，みんなと動きを合わせたりと集団行動の基礎づくりを促す課題にもなります。集団活動では，初めの導入やウォーミングアップに行います。
（手遊び歌の例：「おちたおちた」「ひげじいさん」「糸巻き」「グーチョキパーで何つくろう」）

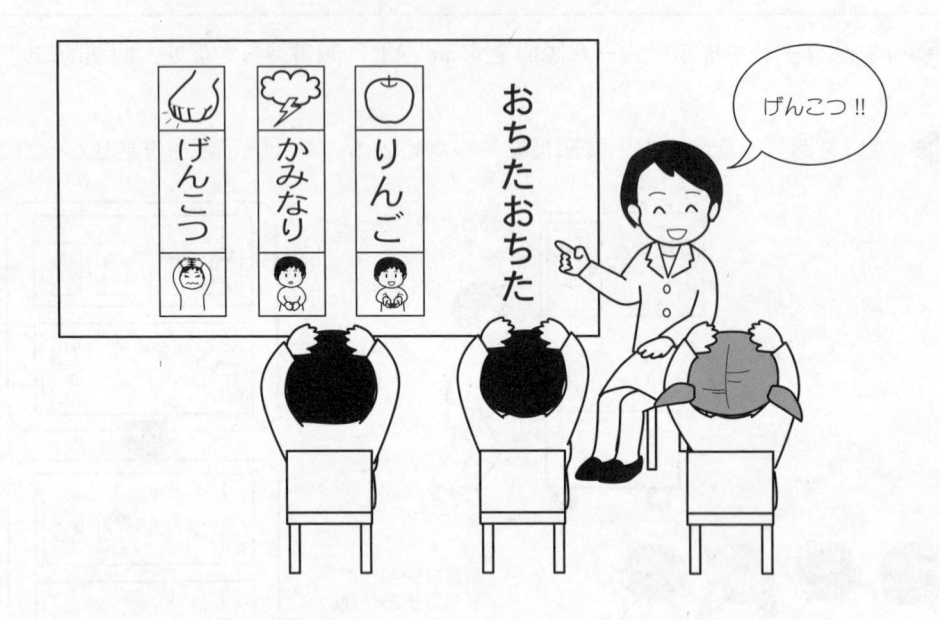

✎おさえどころ

・イラストを入れた歌表を作り，視覚的に理解できるように促す。
・子どものボディーイメージ，協調運動，注意集中などの状態に応じて，どのような手遊び歌を行うか考える。また，子どもの特徴に応じて動作や歌をシンプルにアレンジする。
・「歌いながら体を動かす」といった協応操作が苦手な場合もあり，ゆっくり，じっくりと繰り返し行うとよい。
・歌うこと（もしくは動作模倣）に抵抗がある子どもは，動作模倣（もしくは歌うこと）のみにして，部分的にでも参加を促す。

➡ひと工夫

・指導者の代わりに，子どもが前に出て，お手本役をするなど，役割交代や順番交代などの課題にもなる。
・手遊び歌を選ぶ際には，対象児童の生活年齢を十分に考慮する。

| 幼　児 | 小学校低学年 | 小学校中学年 | 小学校高学年 | 中　学　校 |

No. 5　絵本の読み聞かせ
着席する／情報の聞き取り／感情の認知／因果関係の理解

対象児　2〜10人
時間　5分程度

絵本の読み聞かせの活動は，聞く，注目する，着席するといった学習態勢を促すよい機会です。また，活動の終了前に子どもたちをクールダウンさせるときにも役に立ちます。
それ以外にも，絵本の内容によっては，協力することや感情を表す言葉や社会的ルールの学習にもつなげることができます。

準備物　①絵本　②テーマに応じて必要となるもの（感情カードなど）

（吹き出し）どんなかお？
（吹き出し）うさぎ君はこまっているのね。どんな顔している？

▼絵本の例

【協力や共有がテーマとなる絵本】
・「ノンタン シリーズ」偕成社
・「ぐりとぐら シリーズ」福音館書店
・「どうぞのいす」ひさかたチャイルド

【感情がテーマとなる絵本】
・「ぼくはおこった」評論社
・「かいじゅうたちのいるところ」冨山房
・「ちいさなたまねぎさん」金の星社

【社会的ルールがテーマとなる絵本】
・「はなをほじほじいいきもち」偕成社
・「ゆうれいとすいか」ひかりのくに
・「くもかいじゅう」PHP研究所

【リズムがよく楽しめる絵本】
・「バスにのって」偕成社
・「はんぶんタヌキ」こぐま社

✎おさえどころ

・感情語の理解や表情と感情のマッチングの指導をするときには，表情カードを使うと理解しやすい。また，指導者も登場人物の気持ちを表情やジェスチャーで表現し，子どもにも真似るように促してもよい。
・どんなときに，そのような気持ちになるか，子どもたちの具体的な日常エピソードとからめて，感情の言葉を説明していく（保護者からエピソードを聞き取っておく）。
・ストーリーから登場人物が「なぜ○○したの？」「どうして○○なの？」などと発問をし，「原因と結果」「社会的文脈」「登場人物の考え」などの理解を促す。

➡ひと工夫

・子どもたちに教えたいテーマによって，絵本を選択していく。

| 幼　児 | 小学校低学年 | 小学校中学年 | 小学校高学年 | 中 学 校 |

No.6 じゃんけんゲーム
勝ち負けの経験／ルール理解／負けの受け入れ

対象児　2～6人
時間　3～5分

さまざまなじゃんけんゲームを通して，じゃんけんを理解し，勝ち負けに慣れさせていきます。負けることが嫌で，じゃんけんを避けたがる子どもには，手ではなく「じゃんけん札」でじゃんけんすることや，負けた人が勝ちとなる「負けるが勝ちじゃんけん」，体の動作でじゃんけんを表す「からだでじゃんけん」など，普通とは違った形のじゃんけんを行っていきましょう。楽しい雰囲気でさまざまなじゃんけんを経験していくうちに，「負けても大丈夫」という勝負への耐性が無理なく身についていくことをねらいます。

実施環境　LTは全体説明。ATは必要に応じて一緒に参加，個別の声かけ。
準備物　以下，必要に応じて用意。①ルール表　②シールと台紙　③じゃんけん札

▲からだでじゃんけん

✎おさえどころ
・じゃんけんのタイミングやかけ声を合わせることも指導のねらいとなる。全体でかけ声を合わせる練習タイムを取ってから行うとよい。
・「指導者と1対1」「指導者対子ども全員」「特定の子とペア」などの段階によって勝負に対するストレスが変わってくる。子どもの状態に合わせて設定を工夫していく。

➡ひと工夫
・じゃんけんを理解できない子どもには，「チョキのはさみでグーの石は切れないね」などと意味づけして教える。
・手指が不器用な子どもがいる場合には，じゃんけん札を活用する。
・じゃんけんゲームの後は，さまざまな活動の中で何か決めるときに，無理のない範囲でじゃんけんを取り入れていく。

| 幼　児 | 小学校低学年 | 小学校中学年 | 小学校高学年 | 中　学　校 |

No. 7　巨大線路パズル
順番待ち／ジョイントアテンション／視線の活用／依頼する

対象児　2～6人
時間　20分

巨大パズル（ジョイントマット）をみんなで協力してつなげ，線路を作ります。指導者がパズルを1枚ずつ子どもに渡し，子どもたちはそれを好きなようにつなげていきます。パズルをもらう時は指導者の前に並んで待ち，目を見て「パズルをください」と言います。もらったら「ありがとう」と言います。線路が1周（端から端まで）つながったら，その上でゲームをして遊びます（新聞列車，荷物運びリレー，どーんじゃんけんなど）。

実施環境　教示5分，活動15分。

準備物　①ジョイントマット20枚以上　②上手な頼み方の掲示シート　③ゲームで使用するもの

じょうずな たのみかた
①かおをみる
②「ぱずるをください」
③「ありがとう」

← 上手な頼み方の掲示シート

（はい　どうぞ／パズルを　ください／順番に待つ）

おさえどころ
・作った線路を使って遊ぶことをまず伝えて，活動への意欲を高める。
・上手な頼み方，順番に並ぶことを，事前にモデリングや掲示シートを用いて説明する。活動中にも，細かくプロンプトを出して思い出させる。
・並んで待つことが難しい場合は，並ぶ際に立つ位置にビニールテープで印をつけたり，「前の人の体にさわらない」などとルールを具体的に示したりする。ジョイントマット線路は早い者勝ちではなく全員に配られることを伝え，きちんと並んで待てたことを評価する。

ひと工夫
・線路が完成したら，その上で子どもたちが楽しめる遊びを行う（どーんじゃんけんなど）。
・順番に待つことは，このプログラムに限らず他の場面でも取り入れていき定着を図る。

| 幼　児 | 小学校低学年 | 小学校中学年 | 小学校高学年 | **中　学　校** |

No. 8　かんたんカードゲーム
ルール理解／順番待ち／勝ち負けの経験／負けの受け入れ

対象児　1グループ2～4人
時間　15～20分

ばばぬき，七並べ，ぼうずめくり，UNOなどの簡単なルールのカードゲームを，一般的なルールをもとに行っていきます。「ルールを理解して守ること」「順番を意識して守ること」「勝敗を受け入れること」を身につけさせる経験をするためには，対象となる子どもの特徴（認知水準，対人意識，注意の問題，それまでの体験の積み上げ等）に合わせて，カードゲームの内容やルール提示の仕方を設定することがポイントになってきます。

実施環境　ルール説明5分，活動10分程度。
LTは全体説明と時間管理。ATは必要に応じてゲームに加わり，個別的な援助を行う。

準備物　①カードゲームに必要なカード一式　②ゲームのルール表

✎おさえどころ

・子どもの理解力や読みの力，注意集中の状態に合わせて，ルールの設定を変えていく。また，ルールの提示の仕方も，実際にやって見せる，イラストのみのルール表を活用する，重要な事柄のみキーワードで示す，細かい手順を示すなど，工夫をする。

・順番への意識が薄い場合，順番の向きがわかるように机に矢印で示すことや，順番が来たことを声かけする援助を行う。少し慣れてきたら，「～ちゃんが終わったよ。次はだれかな？」のように，子ども自ら順番に気づくことを促す声かけに移行する。

・負けに強い抵抗がある子どもの場合は，勝負が前面に出ないルール（例：七並べがみんなで完成できたら成功）や勝つ経験を中心に行い，ゲームを通じたやり取りを十分に楽しませるようにする。時間をかけ，ゲームは勝敗があること，負けてもみんなで遊ぶと楽しいことなどを理解させていく。

➡ひと工夫

・UNOなどのルールが複数あるゲームは，回を追って徐々にルールを加えていくとよい。

| 幼　児 | 小学校低学年 | 小学校中学年 | 小学校高学年 | 中　学　校 |

No.9 ペア探し
仲間にかかわる／名前を覚える／言葉のやりとり

対象児 2～6人
時間 10分

自分のカードとペアとなるカードを持っている人を探してペアになるゲームです。ルールがわかりやすく，2人組になる達成感も感じられる人気のゲームです。実施方法は，2枚1組となるカードを人数分用意し，床にばら撒きます。スタートの合図でその中の1枚を拾い，ペアとなるカードを持っている人を見つけたら椅子に座ります。そして，自己紹介をし合います。どの子も自然と仲間とかかわることができるため，グループづくりの初期やウォーミングアップに適しています。

実施環境 LTはルール説明，自己紹介のやり方を教示する。
準備物 ①ペアカードを人数分　②人数分の椅子（ゴール地点にペアにしておいておく）

おさえどころ
・ペアになることだけに関心が向いてしまいがちである。ゲーム前に自己紹介の仕方を説明して，ペアになった後に相手の名前を発表してもらったり，「今度は誰とペアになれるかな？」などとカードではなく相手に注目するような言葉がけをする。

ひと工夫
・ペアカードの種類やペアを探す方法を変えることで，幅広い年齢で行える。
〈ペアカードの種類は，1枚の絵を2つに割ったもの，動物の絵と鳴き声（「犬」「ワンワン」），ひとつの言葉を二つに分けたもの（「チョコ」「レート」），同じカテゴリー（「にんじん」「ピーマン」，「えんぴつ」「けしごむ」），カードではなく実物・同じ大きさや色の紙（同じ長さの紐），3人以上になるカードなど。探す方法は，カードは見せず言葉で，言葉で言わずカードを見せ合う，ジェスチャーのみ，背中にカードを貼って人に教えてもらうなど。〉
・ゴール地点に椅子をペアにして並べておくと，ペアになった後がスムーズにできる。

| 幼 児 | 小学校低学年 | 小学校中学年 | 小学校高学年 | 中 学 校 |

No. 10　ごっこ遊び（検診，洗顔，爪きり，床屋）
見通しをもつ／手順に沿って動く／苦手なことの克服

対象児　1～4人
時間　5～10分程度

生活場面で出会う困難な出来事をごっこ遊びを通して練習し，見通しをもってこなせるように促します。ここでは，内科検診・歯科検診・洗顔・爪きりなどを事前に行うことで，どのようなことをするのか，またどの程度で終わるのかを経験します。検診で行われることを手順ボードで示し（課題の細分化），最初は指導者が人形などで実際に行ってみせる（モデリング）ことで子どもに見通しをもたせます。指導者がやって見せたら子どもに人形を渡して検診を受ける子ども役を演じてもらいます。不安が強く起きる場面（ex. 聴診器をあてるなど）には，うたを歌う（おなかをぺたぺた♪おなかをぺたぺた♪おなかをぺたぺた♪さぁおしまい）などをして不安の軽減を図ります。子ども役を演じたら，シール帳にキャラクターシールなどを貼っていきます。

実施環境 ▶ LTがルール説明・人形を使い見本を示す（ドクター役）。ATは手順ボードを示す・個別的に声かけをする。

準備物 ▶ ①手順ボード（写真カード）　②シール，シール帳　③人形　④その他必要なもの（内科検診ならば聴診器，歯科検診ならばミラー・歯ブラシなど）

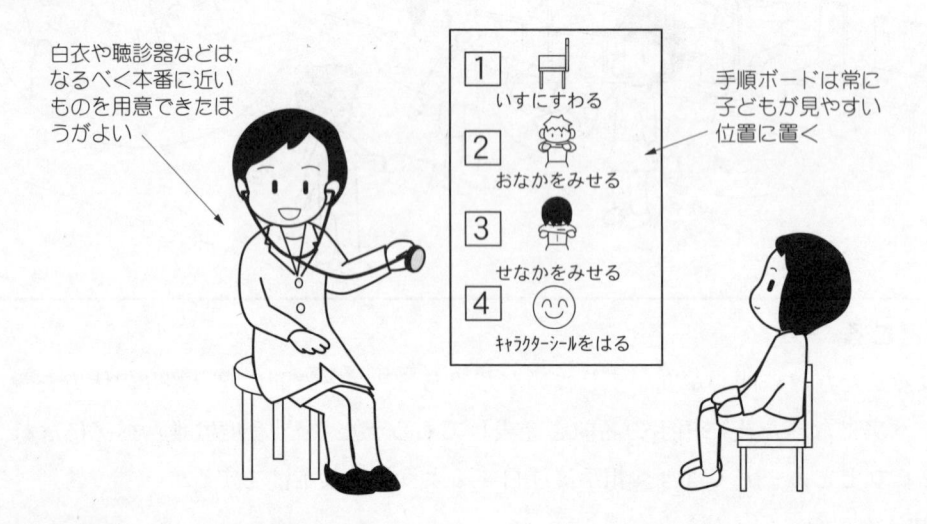

白衣や聴診器などは，なるべく本番に近いものを用意できたほうがよい

手順ボードは常に子どもが見やすい位置に置く

1　いすにすわる
2　おなかをみせる
3　せなかをみせる
4　キャラクターシールをはる

おさえどころ

・指導者が人形で事前にやってみせ見通しをもたせる。手順は短くシンプルにする。
・子どもが不安を強く示すことは無理に行わない。見せるだけで終わらせたり，紙芝居やパネルシアターで楽しいお話を聞かせたりして，徐々に慣れるようにする。

ひと工夫

・同じく家庭において必要だと思われることについても，ごっこ遊びとして扱っていき，役割を演じながら見通しをもち，実際に対処できるように促していく。

| 幼　児 | 小学校低学年 | 小学校中学年 | 小学校高学年 | 中　学　校 |

No.11 ごっこ遊び（おままごと，しつけ遊び）
見通しをもつ／手順に沿って動く／苦手なことの克服

対象児　1～4人
時間　5～10分程度

人形や家セットでおままごとを行います。はじめはLTがママ役，ATがタロウ役（いたずらな子ども：女の子ならハナコ）を演じ，タロウは玩具を散らかす，ご飯の時間だけど食べようとせず遊んでいる，犬をいじめるなどの悪いことをします。「だめですよ。～しなさいね」とママがタロウをしつけるといったことを子どもの前で演じ，タロウが言うことをきくと，ママは「いい子ね。よくできました」とほめます。子どもをほめることができたらママ役（LT）のシール表にシールを貼ります（モデリング）。
参加児は，ママ役になり，タロウ役（指導者が担当）を「ダメですよ。～しなさい」としつけましょう。タロウが言うことを聞いて，ママは上手にほめることができたらシールがもらえます（リハーサル・ごっこ遊び）。

実施環境　LTが人形を使い見本を示す（ママ役）。ATはタロウ役をやって見せる。
準備物　①ほめる言葉カード（写真と文字カード）　②シール，シール帳　③人形　④おままごとセット

ほめることば
・できたらほめましょう
・あたまをなでる
・「よくできました」とこえをかける

ほめる言葉カードは子どもが常に見やすい位置に提示しておく

✍おさえどころ
・事前に保護者から家庭での子どもの様子を聞き取っておく。保護者の家での対応についても十分に話し合っておき，今回のプログラムについて共通認識をもっておく。
・子どもが大人役をするといった役割交代を通して，家でのしつけや支援について肯定的に捉えていくように促す。
・悪いことをするといった不適切なモデルを強調しすぎてしまうと，マイナスの方に学んでしまう可能性があるので，適切な行動に十分に焦点を当てる。

➡ひと工夫
・上手に行えたら，パパや兄弟，ペットなどの役割を増やしていってもよい。

| 幼　児 | 小学校低学年 | 小学校中学年 | 小学校高学年 | 中　学　校 |

No. 12　サーキット運動（幼児用）
順番待ち／手順に沿って動く／指示に従う／粗大運動

対象児　4～6人
時間　5～15分

本来サーキットは運動面の課題ですが，マットや滑り台，平均台などで，楽しく体を動かしながら，集団活動の中で，順番待ちや順番交代をする経験を積むことができます。必ず順番が回ってくることを十分に伝え，順番になるまで待っていることを意識させていきます。
各コーナーは運動課題だけでなく，コーナーの中に「じゃんけんをして勝ったら進む」「動物の名前を3個言う」などの認知課題を取り入れることもできます。

実施環境　子どもの行動調整力に応じて時間を設定する。
準備物　マット，滑り台，平均台，ジムセット，ビニールテープなどの必要なもの

（図：あり！／⑤のつく言葉を一つ言う／平均台／じゃんけんに勝ったら進む／じゃんけんポン！／マット／でんぐりがえしをする／てこぎボート／スタート／ゴール／座って待つ）

📖おさえどころ
・待つ場所，スタートやゴールの位置などをビニールテープなどで明確にしておく。特に「待つ」ことが目標となっている子どもには，椅子を準備し，座って待つように促す。
・各コーナーには指導者を配置し，子どもがきっちりクリアできるように促していく。

➡ひと工夫
・順番待ちがある程度できるようになれば，1人ずつ1周することにして，他の児童は見ているようにする。順番待ちだけでなく，他の児童の様子を見て自分の順番で工夫したり，応援したりすることを課題にしていってもよい。
・子どもの運動能力や課題の状況に応じて，各コーナーのバリエーションを考えていく。
（例：でんぐりがえし／ケンケン／平均台でカニ歩き／玉入れ／2人3脚／ツイスター／指令書に従う／借り物カードのものを借りてくるなど）

| 幼　児 | 小学校低学年 | 小学校中学年 | 小学校高学年 | 中　学　校 |

No.13　いろいろなおにごっこ
ルール理解／役割交代／粗大運動

対象児　4〜6人
時間　10分程度

　おにごっこは幼稚園・保育園などの一般の集団でも行われる馴染み深い活動です。5歳児の頃には発達段階としても，ルールが含まれるおにごっこが出てくる時期ですが，発達障害の子どもはルールを理解しにくく，ただの追いかけっこと思っていて跳ね回っているだけの時もあります。また，「おに」になると，負けたと思いこみパニックになってしまうこともあり，問題が多く出てくる遊びでもあります。「いろおに」「当てっこおに」「しっぽ取り」などグループの状態に応じてさまざまなバリエーションのおにごっこをしていきます。

実施環境　最後にクールダウンの時間を設ける。

✍おさえどころ
・イラストや指導者のモデリング場面で「タッチされたら交代する」というルールを視覚的に示して理解させる。鬼のタスキなどを使って，役割をわかりやすいように示してもよい。
・子どもの運動神経により，鬼になる回数に偏りが出る場合がある。そのときには，指導者もおにごっこに参加し，どの子も適度に鬼を経験するように調整する。何度も鬼から抜け出せなくてパニックになりそうな子どもには，指導者が不器用に逃げてみせ，すぐにつかまってみてもよい。鬼になってもがんばればすぐに交代できる，ルールを守ればみんなで楽しめるといった感覚を子どもに味わわせることがポイント。

➡ひと工夫
・子どもの状態に応じてバリエーションをつけておにごっこをする。いろおに（鬼の言った色をすばやく探して触る。触っていない間に鬼がタッチしたら交代），当てっこおに（鬼は柔らかいボールを逃げる人に当てる。ただし顔には当てないルール。当たった子どもはその場に座る。最後に残った子どもが勝ち），風船しっぽ取り（風船をひもでくくりつけ，腰にはさむ。鬼はそれを取る。取られたら負け）など。

| 幼 児 | 小学校低学年 | 小学校中学年 | 小学校高学年 | 中 学 校 |

No.14 かんたんボールゲーム
ルール理解／ルールに従う／ジョイントアテンション／ボールの操作

対象児 2～6人
時間 13分

少人数でボールをつかったゲームを行います。ゲームの例としては「名前ボール」（輪になり，相手の名前を呼んでボールを転がす。呼ばれたら返事をして受け取る），「アツアツボール転がし」（皆で輪になって大きなボールをキャッチしないように転がす），「風船トス」（みんなで風船を回す），「転がし中当て」（枠の中に入りボールに当たらないように逃げる）等，ルールが単純で，勝負の負荷のないものを行いましょう。体を動かすやり取りを十分に楽しむ中で，ルールをよく理解し，ルールを守って遊ぶことをねらっていきます。

実施環境 事前教示3分，活動10分。
LTは説明と時間管理，審判。ATは一緒に参加したり，個別に声かけしたりする。

準備物 ①ボール ②約束表 ③ルール提示に必要なもの（ルール表等を子どもに合わせて）

▲名前ボール
・ボールを渡す相手の名前を呼ぶ
・呼ばれたら返事をする

▲風船トス
・円になり風船を打ち上げる
・続いた回数を数える

▲アツアツボール転がし
・ボールをキャッチしないで転がして回す

▲的当て
・ボールを転がして的に当てる

▲転がし中当て
・線のなかに入り，ボールにぶつからないように逃げる

🖋おさえどころ
- キャッチボールやアツアツボール転がしなどのゲームでは，声をかける→返事をする→パスをする，といった相互のやりとりを意識させる。
- イラスト入りのルール表で提示する，マグネットを使って黒板で動き方を示す，指導者がやってみせ見本を示すなど，子どもの理解力に合わせて提示の仕方を組み合わせる。
- 楽しい雰囲気で行えるよう，指導者が負荷を調節したり，随時個別に声かけをしたりして行う。
- 粗大運動が苦手な子どもがいる場合，使用するボールの種類や大きさ，動作（打つ，転がす，投げる，取る）について十分に配慮し，安心して遊べるように心がける。
- 多動な子ども，衝動性の高い子どもには，立ち位置や動くスペースをビニールテープで示したり，椅子を置いて必要な時に立つといったルールにしたりすることで，活動に上手に取り組めるようにする。

➡ひと工夫
- 中学年以降の子どもの場合はルールを複雑にしたり負荷を加えると盛り上がる。たとえば，転がし中当てをチーム戦形式にしたり，王様中当て（王様が当てられたら負け。王様を皆で守る）にしたりするなどのアレンジが考えられる（No.55，57，58，59等に展開）。

第3章　幼児のソーシャルスキル活動

| 幼児 | 小学校低学年 | 小学校中学年 | 小学校高学年 | **中学校** |

No.15 フルーツバスケット
ルール理解／聴覚的理解／役割交代

対象児　4人以上
時間　10～15分

フルーツの名前でグループ分けを行います。写真やイラストを多く取り入れたルール表でゲームのルールを説明します（鬼はマットの上でフルーツを発表する，言われたフルーツの人は移動して隣の席以外の席に座る，座れなかったら鬼になる）。ゲームが終わった後，ルールを守れた人，最後まで鬼にならなかった人をボードに発表しフィードバックします。

実施環境 ▶ LTがルール説明・ルールを守れた人，最後まで鬼にならなかった人を記入。ATは個別的に声かけやルール表を意識するように促す。

準備物 ▶ ①椅子（人数分）　②鬼の立ち位置を示すマット　③ルール表　④ルールを守れた人・鬼にならなかった人を発表するボード

（いちご！）

ルール
・鬼はマットの上で発表する
・発表は静かに聞く
・席を移動するときは，隣の席には座らない

ルールを守れた人
・○○さん
・△△さん
鬼にならなかった人
・□□さん
・◇◇さん

ルール表
（静かに聞こうなど）

視覚的にもわかりやすくマットを敷いておく

✎おさえどころ
・鬼になりたがる子どももいるが，最後まで鬼にならなかった人を発表するなどして，鬼にならないことを動機づける。
・鬼の位置にマットをおく，鬼にならなかった人にシールを貼る等の視覚支援を十分に行う。
・声の大きさ，発表のタイミング，席を立つタイミングなどで子どもたちが混乱しないように，指導者は個別対応やメリハリのある仕切りを行う。

➡ひと工夫
・テーマ内容を考えることができる子どもたちには，次のステップとして「なんでもバスケット」を行ってもよいだろう。その際には，子どもが言ったテーマ（白いくつの人など）を黒板に書きとめて思いつかない子どもの手がかりとしていく。

| 幼児 | 小学校低学年 | 小学校中学年 | 小学校高学年 | 中学校 |

No.16 新聞列車（乗り降り段ボール列車）
相手の動きに合わせる／行動調整／協力する

対象児　1～4ペア
時間　10分

真ん中を切り抜いた新聞紙を列車に見立てます。2人で新聞列車の中に入り，新聞が破れないように指定されたコースを注意深く進んでいきます（新聞列車）。相手の動きをよく意識し，自分の動きを合わせていくことが求められます。幼児の場合は，段ボールなど破れにくい素材で作った列車を使ってのごっこ遊び（友だちの乗り降りを確認して進む，かけ声をやり取りする等）を通じて，相手を意識させる経験をさせていきます（乗り降り段ボール列車）。対人意識に未熟さがある子どもにとっては，「相手を意識すること」「相手に合わせること」は意識しづらく理解しにくいものです。新聞列車のように「体の動き」「新聞の枠」といった目で見て確認しやすい状況の中で，相手を意識し合わせる練習をさせていきましょう。

実施環境　LTはルール説明，ATは必要に応じて参加，個別の援助。
準備物　①真ん中を切り抜いた新聞紙（破れたときのために多めに用意する）　②スタートとゴール，コースを示すカード

▲新聞列車

▲乗り降り段ボール列車

✍おさえどころ
・目で見て動きを調整することが難しい子どもも多い。前の子どもの肩に手を添える，歩に合わせて2人でかけ声をかけるなど，具体的な工夫を教えるとよい。
・破れることへの耐性が低い子どもや相手を責めてしまう子どもの場合，指導者とペアにするなどして配慮する。
・新聞列車が破れた時の対応についてもよく確認しておく。一度破れると失敗と思って投げ出してしまう子どもも少なくない。「○回までなら先生に言えば替えがもらえる」「ガムテープで直してもらえる」などの救済措置について提示しておく。子どもが慎重に取り組む意識を保ちながらも，できた時には達成感を味わえるようにルールを設定すること。

| 幼児 | 小学校低学年 | **小学校中学年** | 小学校高学年 | 中学校 |

No. 17　1本でぬりえ
貸し借り／道具の共有／順番交代／言葉のやりとり

対象児　1グループ 2〜4人
時間　15分

道具を共有して課題を行う状況を設定し，適切に道具を貸し借りするスキルを身につけることをねらいます。
最初に各自に1枚ずつぬりえを，1グループに1組の色鉛筆を配り，複数人で限られた道具を共有する状況を作ります。児童は，事前に教えられた「かして」「いいよ」「ありがとう」などのセリフを実際に使って相互にやり取りをし，自分のぬりえを完成させていきます。

実施環境　事前教示5分，活動10分。
LTは事前教示。ATは必要に応じて事前のロールプレイを見せ，活動中は声かけを行う。

準備物　①ぬりえ（人数分）　②色鉛筆（グループ数分）　③掲示用の貸し借りのセリフ一覧

✎おさえどころ

・実施前に，貸し借りに必要なセリフのレパートリーについて必ず教示しておく。「何も言わずに色鉛筆を奪ってトラブルになる」等の対象となる子どもにとって身近で起こり得そうなモデリング場面を指導者が提示して，「かして」「いいよ」「ありがとう」が言えないと，どういうことになるか理解させる。
・「かして」「いいよ」「ありがとう」「まってね」などの事前に確認したセリフは黒板に貼っておき，活動中にプロンプトとして使用する。
・体験後に，スキルを上手に使えたこと，そのことで友だちと仲よく課題を達成できたことを十分に評価し，振り返らせること。

➡ひと工夫

・年少児の場合や対人意識が育っていない子どもの場合，スキルの必要性を理解できず，課題場面でも用いようとしないことがある。その場合は，セリフを1つ言えたらシールがもらえるなど，強化子を使って動機づけを高めていってもよい。

| 幼　児 | 小学校低学年 | 小学校中学年 | 小学校高学年 | 中　学　校 |

No.18 作って遊ぶ
手順に沿って動く／道具の共有／貸し借り／見通しをもつ

対象児　2～10人
時間　40分

簡単な工作を手順に沿って行っていき，できたもので遊んだりみんなの前で発表したりします。個人で作業を進めるのでそれぞれのペースで参加しやすく，グループ活動に慣れていない子や，作業スピードや興味がばらばらなグループでも取り組みやすい課題です。作業は一人ひとり行いますが，道具の貸し借りや同じものを作って遊ぶことで友だちとの接点が生まれます。

実施環境　工作30分程度。遊びや発表10分。
準備物　①工作の材料，文房具等　②工作の手順表

✎おさえどころ

・年齢や理解力に応じて，どの程度複雑な手順の工作にするかを決定する。
・手順や指示通りに最後まで作ることを促し，達成感を味わえるようにする。
・実際に，工作を始める前に，完成した見本（実物）を示して見通しをもたせる。
・年齢が小さかったり，自閉傾向が強かったりする子どもには，作業場所を構造化する。たとえば，はさみで切り抜くテーブル→色を塗るテーブル→遊ぶスペースなど。
・絵を思いつかない子のために，スタンプやシール，絵の見本などを用意しておく。
・文房具，道具は人数よりも少なめに用意し，仲間同士の貸し借りや順番待ちを促す。あらかじめ，道具のシェアや順番待ちをルールとして教示したり，モデリング場面を示し重要性を教えたりしておくとよい。

| 幼　児 | 小学校低学年 | 小学校中学年 | 小学校高学年 | 中　学　校 |

No.19 服袋
手順に沿って動く／道具の共有／言葉のやりとり

対象児　2～10人
時間　30～60分

大きな上質紙を2つに折って，のりづけし，手と頭が出るように切り取り，紙製の服（服袋）を作ります。服袋に自由に落書きやペイントをして，完成したらみんなで着てみます。みんなでポーズをつけて写真をとったり，服袋を着て行進したりしてみてもよいでしょう。指導者は作成手順をイラストや実物で視覚的に示し，子どもがその手順にそって制作していくように促していきます。

実施環境 落書きや色塗りの時間を別の日に設けてもよい。指導者は，道具を上手に使えるように援助する。また，子どもが手順表に沿って制作できるように促す。

準備物 ①上質紙（全紙大）　②水彩用具一式　③スポンジローラー　④のり　⑤はさみ　⑥クレヨン　⑦油性マジック等描画用具　⑧全身が映る大きな鏡やポラロイドカメラなど

✎おさえどころ
・作成手順を具体的に（視覚的に）示し見通しをもたせる。
・手順に沿うように，子どもには手順表をそのつど参照させる。
・全員で服袋を着て鏡に映ったり，写真を撮ったりして，グループとしての連帯感や所属感を感じさせる。

➡ひと工夫
・保護者にも参加してもらい，共同作業により，親子で達成感を感じてもらってもよい。
・服袋のペインティングは独創的に行うように促し，それぞれの独自性を尊重する。

| 幼　児 | 小学校低学年 | 小学校中学年 | 小学校高学年 | 中　学　校 |

No. 20　型抜き子
協力する／仲間を援助する／他者の援助の受け入れ／こだわりへの対処／身体感覚

対象児　2～10人
時間　30～60分

大人もしくは仲間同士で協力し合いながら，等身大の型抜きを作る活動です。大きめの段ボールの上に1人が横になってポーズをとります。もう1人がマジックペンで縁取りをします。お互いに型取りをし合ったあと，形にこだわらない自由なペインティングを自分の型抜きに行います。最後に，絵の具などが乾燥した後で細部にこだわらないで，少し大きめに切り抜いて，型抜き子を完成させます。縁取り，切り抜きの際に，協力するように促していきます。

実施環境　30分ずつ2回に分けて実施してもよい。指導者は個別に声をかけて，2人が協力できるように促す。また，切り抜きの際の補助を行う。

準備物　①板段ボール（もしくは使わなくなったダンボール）　②マジックペン　③絵の具　④スポンジローラー　⑤段ボールカッター　⑥鉛筆など

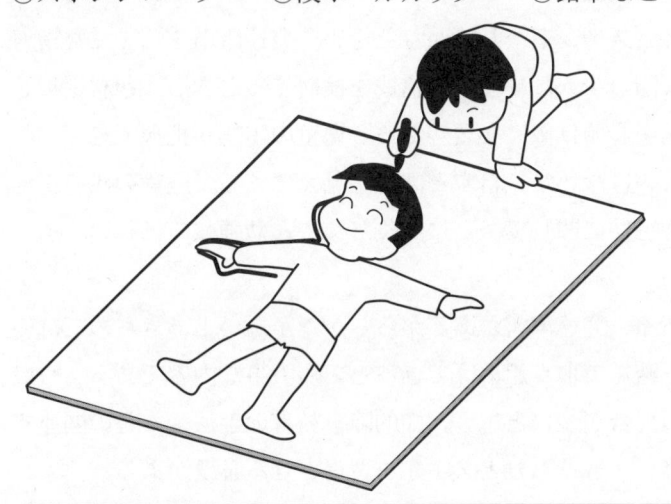

🖊おさえどころ

・制作に入る前に，見本や制作プロセスを実物で見せ，見通しをもたせる。また，どのように協力していくかを具体的に指導者がモデルを示したり，イラストなどで伝えたりする。

・年齢が小さかったり，行動のコントロールが難しかったりして，仲間同士で協力が難しい場合は，指導者とペアになり，指導者との協力を促していく。

・ダンボールへのペインティングや型抜きカットの際には，「だいたいで大丈夫」ときっちりすることにこだわらないように促していく。

・最後にだれとだれが協力して作った作品であるかを明らかにし，発表し合う。作品のおもしろさや個性について強調して伝え，協力できたことについても肯定的に評価する。

・相手の体を縁取ったり，相手が切り抜いている際にダンボールを支えたりするなど，自然と生まれるやりとりに焦点を当て，上手に協力し合えるように指導者はサポートする。

第3章　幼児のソーシャルスキル活動

第4章 小学生のソーシャルスキル活動

　小学校の6年間は，子どもたちの人格形成上，大変重要な期間である。どのようなスキルを習得させ，どのような体験をさせるかによって，思春期以降の社会適応が大きく異なってくる。また，1日の大半が集団生活中心となり，いろいろな意味で友だちや集団からの影響を受けやすい時期でもある。指導にあたっては，SSTを行う特別な場面だけでなく，児童の所属する学級集団（在籍学級）での行動観察や情報収集も行いながら，児童の発達段階を踏まえた適切な題材選択を心がける必要がある。SSTを行う場合は，次のような点に配慮するとよい。

1　発達のアセスメント

　小学生は1年生から6年生までと年齢の幅が広く，認知発達の著しい時期である。特に就学前後の1年間や10歳前後における大きな変化を目の当たりにすることは，ベテランの指導者であれば必ず経験されていると思う。アセスメントをしっかりと行い，発達段階を踏まえた指導を行うことが肝心である。そして小集団（少人数集団）の構成を検討するときも，題材選択をするときも，指導中も常に児童の実態を念頭に置く必要がある。児童の実態が把握できていれば，将来を見据え今何をやらなければいけないか，自ずと課題が見えてくる。経験の浅い指導者は，定型発達の児童との違いや障害特性に関して，とにかくたくさん勉強してほしい。

2　生活面のしつけと学習面のしつけ

　身辺処理や学習態勢などのことである。発達障害があるからしかたがないとあきらめてはいけない。年齢相応のしつけは，手順を踏んで取り組めばできるとても大事な内容である。一般的な指導のやり方ではうまくいかない場合が多いと思う。知的障害教育の手法や本書の関連するネタを参考にしながら粘り強く指導し，きっちりとスキルを習得させる必要がある。

3　般化の指導

　SSTは児童の生活と結びついてこそ意味があり，その時間だけ楽しく活動すれば社会性が伸びるというものではない。活動後の「般化」の指導が重要である。本書の活動を実施する前に，そこで習得したスキルがその児童の生活のどのような場面で活かされるのか，指導者はイメージをしっかりともつ必要がある。他のSSTを実施する際に織り交ぜたり，保護者や在籍学級担任等に情報提供したりして活用を促し，機会利用型指導により評価を続けるとよい。

4　生活単元学習としてまとめる・個別で補う

　本書の活動をそれぞれ単独で行うだけでなく，「生活単元学習」のようにまとめて計画すると，児童にとってより生活に密着した内容となってモチベーションが向上し実践的になる。また，児童によっては，活動の内容に関し1対1の「個別指導」の中で事前学習や振り返り，個別の評価などを行うと効果的である。小集団指導と個別指導の組み合わせは，児童それぞれの個別のめあてを明確化する上でもとても有効である。

| 幼　児 | 小学校低学年 | 小学校中学年 | 小学校高学年 | 中　学　校 |

No.21 スピーチ
情報の伝達／情報の聞き取り／質問・応答のルール

対象児　2人以上
時間　10〜20分

自分の体験した出来事を上手に話すことは，コミュニケーションや言語面に困難がある子どもには難しいことです。ここでは，2種類のスピーチの活動を紹介します。①思い出発表：夏休みや正月などの最近の思い出を発表してもらいます。出来事を順序よく相手に伝える場合は，5W1H＋感想に沿って話します。②私のハプニング発表：これまで体験した困ったこと，トラブル，失敗したことなどを5W1Hに沿って説明します。これらのスピーチは，グループ活動での日直の役割として組み込んでいっても，毎回，グループ活動ごとに1人ずつ順番に発表してもらってもよいでしょう。

実施環境　事前準備・教示5〜15分，活動5分。
LTがスピーチする子どもをサポートする。ATがスピーチを聞く子どもに対応する。

準備物　①立ち位置の目印　②スピーチメモ（事前に話題を書きとめておくもの）　④「上手なスピーチ」「困ったときの説明」掲示シート　⑤「きくときは？」掲示シート

きくときは？
・しずかに
・みる
・きく
・あとでしつもん

上手なスピーチ
・いつ
・だれが
・どこで
・なにを
・どうした
・どうだった

上手なスピーチ（5W1H）
・いつ（きのう）
・だれが（あつしくんが）
・どこで（おもちゃやで）
・なにを（くじを）
・どうした（ひきました）
・どうだった（1等でとてもうれかった）

スピーチ　メモ
・いつ
・だれが
・どこで
・なにを
・どうした
・どうだった

✎おさえどころ
・話題が思いつかない児童に対しては，スピーチメモを渡して，事前に考えさせておく。
・発表することに自信がない児童に対しては，指導者とあらかじめ個別に練習しておく。
・聞く側の態度についても，掲示シートを使って指導していく。スピーチ中にしゃべりたくなる児童に対しても，質問の意欲をそがないように，最後に質問タイムを設ける。
・「私のハプニング発表」では，まず，指導者が自分の失敗談や困ったことで子どもにわかりやすいエピソードを発表してみる。
・子どもの発表したことに対しては，「それは大変だったね」「つらかったね」などと共感的に対応していく。また，どうすればよかったか，自分だったらどんな気持ちになるか他の仲間やATの意見も出してもらい，本人を支える雰囲気の中で話し合ってもよい。

◎ひと工夫
・発表の態度が形成されていない場合，「No.2　発表・インタビュー」の観点で指導する。

| 幼児 | 小学校低学年 | 小学校中学年 | **小学校高学年** | 中学校 |

No.22 おつかいごっこ
質問・応答のルール／言葉のやりとり／対人ルールの理解

対象児 2〜5人
時間 16分〜

> LTから頼まれた品物を，子どもが別室に行って借りてきたり届けたりします。その際，用事を頼まれたときや品物の受け渡しをするときのセリフを覚え，使ってみます。また，入退室のマナーや言葉のやりとりをするときの態度も課題とします。
> 例：LT　「AT先生の所へ行って，〇〇をもらってきてください。」
> 　　児童「はい，わかりました。」（移動，ノックをして許可が出てから入室）
> 　　　　「失礼します。AT先生，LT先生から頼まれました，〇〇をください。」
> 　　AT　「どうぞ。」
> 　　児童「ありがとうございます。失礼しました。」（移動，LTのところへ戻る）
> 　　　　「LT先生，AT先生から〇〇をもらってきました。どうぞ。」

実施環境 事前教示10分，活動3分×人数×回数。
LTが進行をする。ATの1人は受け渡しの相手になる。他のATは，補助をしたり，離れた場所へ移動して行う場合はビデオ撮影をしたりする。

準備物 ①セリフカード　②評価のポイントカード　③頼まれる物（文房具等）

【吹き出し】
- 失礼します。
- 〇〇先生，□□先生からたのまれました。△△をください。
- ありがとうございます。
- 失礼しました。
- どうぞ。
- わかりました。はい，どうぞ。
- どういたしまして。

✎おさえどころ
・児童の「めあて」として，「ことば（セリフが言えたか）」「たいど（視線を合わせて，おじぎ，ノック，寄り道しない等）」「ほうこく（必ず報告させる）」を設定し，1人ずつ各めあてについて黒板に丸をつけてていねいに評価する。見ていたATや相手役のATの報告を聞いたりビデオ映像で振り返ったりして，LTが評価する。
・モデル提示　→　室内で　→　近くの別室へ　→　実際の職員室や校長室，事務室へ

➡ひと工夫
・借りてくる品物の数を徐々に増やしていく（メモを取る必要性へつなげる）。
・学級職員以外に，校長先生（副校長先生）や事務職員等に協力を依頼し，実際に校長室や事務室で相手役をやってもらう（児童の実態に応じた対応を事前に打ち合わせる）。
・おつかいの途中で，呼び止められたり遊びに誘われたりした場合の対応を取り入れる。
・「No.23 指令文」につなげる。

| 幼　児 | 小学校低学年 | 小学校中学年 | 小学校高学年 | 中　学　校 |

No.23 指令文
質問・応答のルール／ホウレンソウ／対人ルールの理解

対象児 2～6人
時間 15～20分

1人に1つ指令を与え，実行します。事務室，職員室などに行って，頼まれたことをやってきます。(ex. ～を借りてくる，～を聞いてくる，～をもらってくるなど)。その際に，①人に話しかけるときのコツ（※クッション言葉を使う，相手と視線を合わせる，適切な距離をとる，等），②自分の立場や，任務（頼まれごと）を説明すること，③お礼を言うこと，等のポイントをクリアして任務を遂行します。戻ってきてから，1人ずつ報告をします。自己評価とともに，実際にはどうであったかを振り返ります。

※クッション言葉「すみません・ねえねえ・話は変わるけど・あの～」など人に話しかけるときのきっかけとする言葉

実施環境 LTが進行をする。ATはそれぞれの任務の遂行場所に待機し，確認する。必要に応じてビデオ撮影もする。

準備物 ①指令文　②ポイントを示した「お助けカード」　③協力者（事前打ち合わせを含む）

①指令文を渡す　②指定文を読む　③目的の場所へ行く　④指令内容を伝える　⑤報告

指令文：職員室へ行って，マジック2本を借りてきてください。○○先生より

「失礼します。」
「○○先生からマジックを2本もらってくるように言われました。」
「先生，マジック2本もらってきました。」

✎おさえどころ

・話しかける場面の不適切なモデル（唐突，背中に話しかける，相手に近すぎる等）を示し，間違いを探しつつ，どのように話しかけるべきかのポイントを考えさせる。また，自分の立場や任務を説明しなければならない理由として，「相手は頼まれごとを知らない」という視点に気づかせる。

・子どもの状態にもよるが，協力者には，子どもの意思を汲み取ろうとする声かけをしないよう頼む。修正点がある場合「近すぎるから離れたほうがいいよ」などとその場で伝えてもらう。

⊕ひと工夫

・指令を難なく実行できるようになったら，想定外のこと（取ってくるものがあるはずの場所にない，頼みに行った相手が断ってくるなど）も設定し，柔軟に対処するように促す。

| 幼　児 | 小学校低学年 | 小学校中学年 | 小学校高学年 | 中　学　校 |

No.24 買い物ごっこ
役割遂行／柔軟に対処する／買い物のマナー／社会的状況の理解

| 対象児 | 2～6人 |
| 時間 | 30～40分 |

少し広めの教室に果物コーナー，野菜コーナー，文房具コーナー，日用品コーナー，お菓子コーナーなどを設定し「スーパーマーケット」を作ります。児童たちは，買うように指示された品物をメモし，スーパーに出かけ，必要な品物はどのコーナーに行けばいいのか考えながら探します。品物は必要な数や色が足りなかったり，棚の上の方においてあったりして，店員に扮した指導者に声をかけないと，自分の欲しい品物を手に入れることができないように設定しましょう。本物のお金を使用し，お金，買った品物の管理も含めて指導します。

実施環境 LTは全体の指導と店員。ATはレジ係，店員などの役として2人。

準備物 ①日用品，文房具，お菓子の空箱，模型の果物・野菜など　②陳列棚用ダンボールの箱多数　③品物を入れるかご　④スーパーのビニール袋　⑤レジ用計算機　⑥レシート（手作り）　⑦児童用財布　⑧買い物メモ用紙　⑨本物のお金

✎おさえどころ
・事前に，自分が欲しい品物がみつからなかったり，足りなかったり，取れなかったりした時はどうしたらいいのかの方策を確認しておく。
・指導者は店の中をうろうろしながら，児童の課題に合わせて働きかける。荷物を品物の上に置いたり，かごを他の人にぶつけながら歩いたりしている様子をみたら，店員として「お客」に注意し，店にとって迷惑な行為であることを気づかせる。

⇨ひと工夫
・「人数分買うためには何袋必要か」「その品物がないときは，他のもので代用できるか」など，買い物しながら考えさせ，状況に応じた対処をさせる。
・実際の買い物の前段階の学習とする。実際の買い物は「No.69 買い物に行こう」の項目を参照。

| 幼　児 | 小学校低学年 | 小学校中学年 | 小学校高学年 | 中　学　校 |

No.25 電話のかけ方，とり方

電話のマナー／対人ルールの理解／伝言をする／社会的状況の理解／ホウレンソウ

対象児 2～4人
時間 30分

日常生活に必要な，電話のかけ方・受け方を小集団でロールプレイングやモデリングを通して身につけさせます。電話の操作や基本的なやり取りだけでなく，相手によって言葉の使い方が異なること，家の人がいるときといないときの対応の仕方，知らない人，知っている人からかかってきた時の対応などのスキルを学ばせます。高学年は，電話の内容をメモする，その内容を家族に伝えるなどのように発達段階に合わせて指導の内容とねらいを変化させます。

実施環境 事前教示5分，活動20分，振り返り5分。
LTが状況設定ややりとりのモデルの説明をする。ATは2人必要で，1人は電話を児童にかける役，もう1人は家族の役をする。

準備物 ①使えなくなった電話または模造品の電話　②ついたて　③やりとりのモデル
④黒板　⑤めあて表（ゆっくり話す，相手に聞こえる声の大きさで）

（図：ロールプレイの様子。LT、お母さん役AT、電話をかける役AT、児童が登場。
黒板に「家の人がいるとき」「家の人がいないとき」。
かける役AT：「①もしもし大竹ですが伊藤さんのお宅ですか？」「②お母さんいますか？」
受ける児童：「①ハイ，そうです。」「②ハイ。ちょっと待ってください。」）

おさえどころ

・かかってきた電話に対して，危険回避の理由から名前を名のらず，「ハイ」と返事だけする家庭も多い。やり取りのパターンはその点を考慮する。
・かけ方・受け方については，はじめに手順表を明示したり，教師のモデルを示したりする。
・また，はじめのうちはやりとりの少ないパターンで学習し，生活年齢や相手，状況などに合わせていくつかのパターンを使い分けるように指導する。
・家の人がいないときに，知らない人からかかってきた電話に「今，いません」と答えない方が危険を回避できることを指導する。

ひと工夫

・家の電話と携帯電話のかけ方の違いを学習させる。

| 幼　児 | 小学校低学年 | 小学校中学年 | 小学校高学年 | 中　学　校 |

No.26 スリーヒントクイズ
概念形成／他者の視点に立つ／言語理解／衝動性の制御

対象児　2～8人
時間　20～30分

> クイズを通して言葉の概念や相手の視点に立って考えることを学びます。まず，何についてクイズを出すかを考えます。ヒントは，色，大きさ，形，用途などの中から3つ作ります。3つめのヒントで相手に答えがわかるように考えます。2つめのヒントで答えがわかってしまったり，3つめのヒントを聞いても答えを絞りきれなかったりしないように問題を作ります。問題ができたら，順番に前に出て出題します。答える人は，最後までよく話を聞いて答えます。

実施環境 ▶ LTが全体への教示をする。ATは個別的に支援をしたり，お手本で問題を出したりする。

準備物 ▶ ①問題用紙　②解答用紙

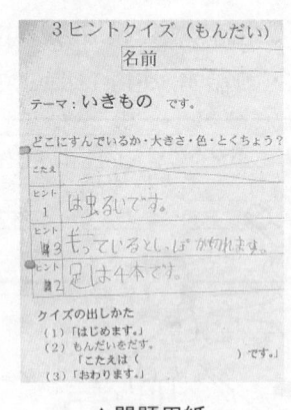

（ヒント1　きいろです。）

▲問題用紙　　　▲解答用紙

✎おさえどころ

・3つめのヒントで必ず答えがわかる問題を作ることが，上手な問題の作り方であることを事前に伝える。解答者の時の正答の数ではなく，自分が問題を出した時の（解答者の）正答の数で評価するようにする。みんなにわかりやすい問題を作れたことをほめる。

・答える人は，質問ができないので，最後までよく聞くことを意識させる。わからないときは，①「もう一度言ってください」と言う，②解答用紙にクエスチョンマークを書くルールを事前に約束する。

➡ひと工夫

・低学年の子には，具体的にイメージを共有できるように，「教室にあるもの」「体育で使う用具」などのテーマを絞る。「動物」「果物」などの絵カードや写真を用意してテーマをその中から決めるようにするのもよい。

・みんなが答えられたよい問題は，"クイズ集"として本にする（用紙をファイルにとじ，表紙をつけた簡単なもの）と，子どもたちのモチベーションもあがる。

| 幼　児 | 小学校低学年 | 小学校中学年 | 小学校高学年 | 中　学　校 |

No.27 協力コップタワー
協力する／言葉のやりとり／目と手の協応

対象児　2〜4人
時間　20分

紙コップを使って，グループで相談しながら協力して紙コップタワーを作ります。人数分に色分けした紙コップを使い，色の構成も全体の形も見本と同じタワーを作っていきます。各人はそれぞれ決まった色の紙コップを持ちます。順番に交代しながらコップを置いていきますが，見本と色の構成を合わせるには，グループ内で相談やお願いが必要になります。事前にお願いの言い方や話し合いの仕方を学習し掲示しておきましょう。途中で崩さずに見本通りに積めることで喜び合うことができます。

実施環境　事前教示5分，活動10分，振り返り5分。
準備物　①紙コップ（色のついたもの，なければビニールテープを巻く）　②見本の写真　③話形のわかる掲示

✍おさえどころ
・事前に完成後の見本を写真で見せることで，どのようなことをするのか見通しをもたせる。
・順番にコップを置くように指示し，どこに積むかを相談し，自分が持つ色でない場合には，必ず他の児童にお願いしてコップを貰うようにする。
・お願いの仕方を事前に確認したり，ロールプレイングをしたりしてから活動に取り組む。

➡ひと工夫
・児童の巧ち性や不注意，衝動性に応じて，見本の形を変える。
・色をつけたサイコロを振って，置くコップの色を指定するなどバリエーションの工夫をすることができる。

| 幼 児 | 小学校低学年 | 小学校中学年 | 小学校高学年 | 中 学 校 |

No.28 こんなときどうしよう
社会的問題解決／社会的状況の理解／対人ルールの理解

対象児 4～6人
時間 25分×5回分

児童一人ひとりが，日常生活で起こりやすい問題場面を取り上げ，どのような解決策を取ればよいか考えたり，練習したりすることを目指します。まず，教師が演じるモデリングを見て，「何が悪いか」「どうすればよいか」を考えます。次に，「どうすればよいか」という子どもたち一人ひとりが考えた言動を，子どもたち自身でロールプレイングします。これらの活動を通して，問題解決の考え方を身につけたり，場に応じた行動がとれたりできるようにしていきます。

実施環境 ▶ LTがナレーションを担当したり，主人公（問題場面の子ども自身）を演じたりする。ATは相手役を演じたり，個別に子どもに対応したりする。

準備物 ▶ ①テーマカード ②ロールプレイの台本 ③「悪い点」「よい点」をまとめる紙 ④警報音 ⑤衣装，小物など

✎おさえどころ

・子どもたちが不適切なところに気づきやすいように1つのポイントに焦点をあて，指導者は大げさにモデリング場面を演じる。
・ロールプレイングを嫌がる子どもには，無理強いをせず，他の子どもが演じているところを見るだけでもよいとする。
・子どもたちの意見は必ず机書する。
・最終的には，1つか2つのよい方法を提示して，ルールとして示したり，ソーシャルストーリーを作成したりするとよい。

➡ひと工夫

・事前に保護者や学校関係者に，アンケートを通して，子ども自身が現在困っている場面を聞いておくと，日常生活で身につけたい行動力に結びつけやすい。

| 幼　児 | 小学校低学年 | 小学校中学年 | 小学校高学年 | 中　学　校 |

No.29　気持ちの学習
感情の認知／感情の表現／情報の伝達／他者の視点に立つ

対象児　1人〜
時間　20分程度

幼児や低学年であれば，絵本を使って感情の勉強をしていきますが（No.5），小学校中学年くらいになれば，実際の仲間の感情とそのエピソードを題材に話し合ったり，ワークシートで考えたりします。「気持ちの学習」のテーマの下，自分の気持ちを知り，対処することの意義や重要性を具体的に説明し，適切に感情を表現するように促していきます。
　①自分の気持ちを理解することの意義を説明する。
　②1つのテーマ（イライラなど）を提示し，ワークシートにエピソードを書いていく。そのときに，指導者やグループの仲間と話し合ったり，意見を交えたりしていく。
　③それぞれ，発表をして，体験をシェアする。
　④ネガティブな感情に関しては，その対処方法を話し合っていく。
⇒学期や年間を通して，感情のテーマを1つずつ継続的に扱っていく。

実施環境　個別でも指導できるが，その際は指導者の体験談も扱っていく。参加児が多い場合は，2〜3人のグループになり，ATがグループに入ってファシリテイトする。

準備物　①気持ちのワークシート　②必要に応じて，「表情シンボル」「気持ちの温度計」などの視覚教材（『特別支援教育［実践］ソーシャルスキルマニュアル』p79，p122）

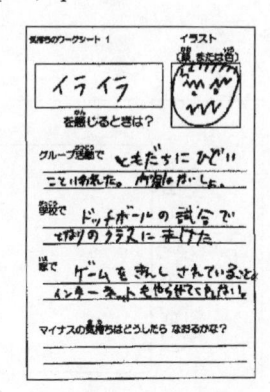

「せんせいは，きのう，道路がじゅうたいですすまなくてイライラしたんだ。」

✐おさえどころ
・感情認知の重要性は，指導者や児童の実際の体験などを例としてあげて，イメージさせる。
・ネガティブな感情については，フラッシュバックが生じやすいので，注意する必要がある。児童のネガティブな感情やその体験については，共感的に取り扱うようにする。

➡ひと工夫
・子どもの実態に合わせて，さまざまなワークシートを作成して，認知的な学習を行っていく。
・生活の中での子どものトラブル場面などは，感情の認知と表現を促すよい機会となるので，機会を見つけて指導していく。

気持ちのワークシート2

イライラ

イラスト □

イライラをどのくらい感じる？

1. ともだちにわるくちを言われた
   ぜんぜん 1 ちょっと 2 まあまあ 3 けっこう 4 かなり 5

2. テストの点数がわるかった
   ぜんぜん 1 ちょっと 2 まあまあ 3 けっこう 4 かなり 5

3. ゲームや競争に負けた
   ぜんぜん 1 ちょっと 2 まあまあ 3 けっこう 4 かなり 5

4. ともだちとけんかになった
   ぜんぜん 1 ちょっと 2 まあまあ 3 けっこう 4 かなり 5

イライラの気持ちはどうしたらなおるかな？
_____

気持ちのワークシート1

イラスト（顔 または 色） □

□ を感じるときは？

グループ活動で
_____

学校で
_____

家で
_____

マイナスの気持ちはどうしたらなおるかな？
_____

| 幼　児 | 小学校低学年 | 小学校中学年 | 小学校高学年 | 中 学 校 |

No. 30　地図を見ながら伝えよう
協力する／情報の伝達／心の理論／地図理解／言語概念

対象児　2〜6人
時間　20分

ついたてを境にして，お互いに同じ地図を見ながら，自分の居場所を相手にわかるように伝え，ゴールまで導く課題です。相手の居場所を聞いてゴールまで道案内をする係と，道案内を聞きながらゴールまで人形を動かす係が協力して行います。ゴールにたどり着くためには，お互いに相手の言っていることをよく聞く必要があります。相手がわからないときは，違う言い方で伝えるなど，視点を変えて考えます。

実施環境　LTは全体説明と道案内係補助。ATは人形を動かす係補助。

準備物　①地図2枚（模造紙大）　②磁石つき人形　③移動黒板2つ　④ついたて1つ

（吹き出し）ちょっと待ってください　本屋はどこかな？
（吹き出し）本屋のかどを右にまがってください
右手シール
じしゃく

✎おさえどころ
・位置や方向を表す言葉（〜の右，〜の前，まっすぐ進む，〜左に曲がる，十字路，〜の角など）は道案内のポイント。なので，前もって指導してから始める。同じ場所でもいろいろな言い方があることに気づかせる。
・説明は相手がわかっていると思って一方的になりやすい。「つぎを説明してもいいですか」と相手に聞く，「わかりました」「もう一度言ってください」と相手に伝えるなど，やり取りのキーワードとなる言葉は，黒板に提示しておく。
・人形は自分の位置や進む方向を確認するために使用する。左右の混乱が見られる子どもには，人形の右手に印をつけるとわかりやすい。
・見ている子どもにも同じ地図（縮小版）を配って，前に出た2人のやり取りを聞きながら人形を動かす作業を一緒にやらせてもよい。

➡ひと工夫
・使用する地図は子どもの実態に合わせて作成する。中学年なら碁盤の目のようにシンプルな道を作り，伝えやすくして取り組む。

| 幼　児 | 小学校低学年 | 小学校中学年 | **小学校高学年** | 中　学　校 |

No. 31 いすとりでグー！まけてもグー！
勝ち負けの受け入れ／感情の認知／気持ちの切り替え

対象児　4〜6人
時間　30分

ゲームでの勝ち負けを十分に受け入れることができず，泣いてしまったり，ふてくされてしまったりする児童を含むグループで実践して，有効だった方法です。
たとえば，通常のいす取りゲームをしたとしましょう。いすに座れなかった児童は，別の場所に設定された「気持ちのいす」の中から，自分の気持ちに近い言葉が書かれたものを選んで，座ります。負けて悔しいという「もやもやした気持ち」を，視覚的に提示された「言葉」を選ぶことによって，整理することができること，「いすを選んで座る」という，ゲームとは違う意図的な行動を行うことで，気持ちが上手く切り替わります。

実施環境　LTはゲームの説明，進行，審判。ATは最低2人必要。伴奏と「気持ちのいす」に座る児童の支援を行う。

準備物　①児童の人数分の椅子　②「気持ちのいす」用の椅子数脚　③気持ちのカード
④太鼓（あるいはタンバリン：合図用楽器）　⑤伴奏用楽器（ピアノ，オルガンなど）

✎おさえどころ

・指導する児童の状況に合わせて言葉を決めておく。「くやしい」「ざんねん」「つぎはがんばるぞ」などの前向きな表現ばかりでなく「もういやだ」「もうやめたい」など，マイナスの表現も入れておく。何を選んでも，自分の気持ちに近いものを「選ぶことができた」ことを評価し，そのつど「なるほど，今，そういう気持ちなんだね」と共感する。「もうやめたい」を選んだ場合は「わかった。そこで休んでいてね」と話す。途中で気持ちが変わったときは，移動も可。指導では，泣いたり，ふてくされたりするより，言葉にするほうが周りの人に伝わりやすいこと，言葉にすると気持ちがすっきりすること，気持ちが切り替わるとゲームが楽しいことなど，を押さえる。

➡ひと工夫

・1回ごとに勝敗が明確にわかるゲームで使用できる。少し遊び方を変更すれば「だるまさんがころんだ」「おにごっこ」「サバイバル中あて」などで使うことができる。

| 幼児 | 小学校低学年 | 小学校中学年 | 小学校高学年 | 中学校 |

No.32 相談・話し合い
言葉のやりとり／話し合い／他者の視点に立つ

対象児 2人〜
時間 適宜

人数，内容，形式などをいろいろ変えて「相談・話し合い」の活動を日常の生活で積極的に取り入れます。具体的に下記のようなことを指導します。指導の際のねらいは1〜2個に絞ります。
場に合わせた声の大きさ，言い方（例：2人の場合「僕は〜と思うけど，○○君はどう？」など），意見の出し方（例：自分ばかり一方的に意見を言わない），決め方や折り合いのつけ方（例：話し合い，じゃんけん，くじ引き，譲る，多数決など），その他（例：自分と違う考え方をする人がいるということを知る）

実施環境 LTはねらいや方法の教示，ATは児童の支援を行う。
準備物 ねらいや方法などを書いたカードなど

取り組みの例
【2人で】・「僕は〜と思うけど，どう？」などのセリフを示しておく。
・聞かれたら必ず答える（やりとりする）。
・折り合いをつける。
【数人で】・自分ばかり長々と話さず，お互いの意見を聞く。
・順番に発言する。
・意見を調整する。
【大勢で】・進行役を決める。
・話し合いの約束やセリフを示しておく。
（挙手して指名されたら発言する
多数決で決まったら文句を言わない
「○○君の意見に賛成（反対）です。〜だからです」など）

✎おさえどころ
・子どもたちの生活に即した内容や興味関心のあることを話し合いのテーマにする。
・相手の意見には関心を示さない，自分の考えを長々と説明する，なかなか自分の考えを言えない，相手の意見にすぐに合わせてしまうなどのさまざまな課題が考えられるが，子どもの課題に応じてルールを明示してから始める。そのルールはキーワードとして掲示する。
・それぞれのねらいが達成できるようにペアの組み合わせやグループメンバーを考慮する。

➡ひと工夫
2人で…「ペアで神経衰弱」「相談ゲーム」「無人島SOS」「共通点探し」など
数人で…「宝探し」「島渡り」「オリエンテーリング」「遊び決め」「リレーの順番決め」
　　　　「出し物決め」「好き？嫌い？」「テーマに沿って」「悩み相談」「雑談」など
大勢で…「リーダー選出」「係決め」「おやつパーティーの計画」など

| 幼　児 | 小学校低学年 | 小学校中学年 | 小学校高学年 | 中 学 校 |

No.33 運びましょう！
協力する／話し合い／社会的問題解決／主体的に取り組む

対象児　2～6人
時間　20～30分

ここでは，活動の準備や片づけを通して，協力することや上手に話し合うことなどを教えます。子どもたちは，プレイルームにばらばらに置かれた道具を，見取り図を元にセッティングしていきます。運ぶ前に，1人で運べるもの，数人で運んだほうがよいものを話し合います。どんな順番で運んだら，上手く見取り図のように設定できるかも考えさせましょう。並べ終わったらそれを使ってアスレチック的当てゲームを行います（アスレチック的当て：並べた道具をアスレチックのコースにする。登ったり，渡ったりしながらコースの最後に新たに設定された的当てを行う。各自の得点を競争したり，前もって全員の合計得点を予想させて，その得点を超えるように皆で協力したりするゲーム）。

実施環境　2～3人で1チーム，または5～6人のグループ全員で行う。
LTが進行と審判をする。ATの援助は必要最小限にする。

準備物　①平均台，マット，台，机等の道具　②見取り図　③相談の話型・協力するかけ声の話型・意見が違うときの決め方を表記したもの　④お助けカード　⑤的当て用マト　⑥ボール

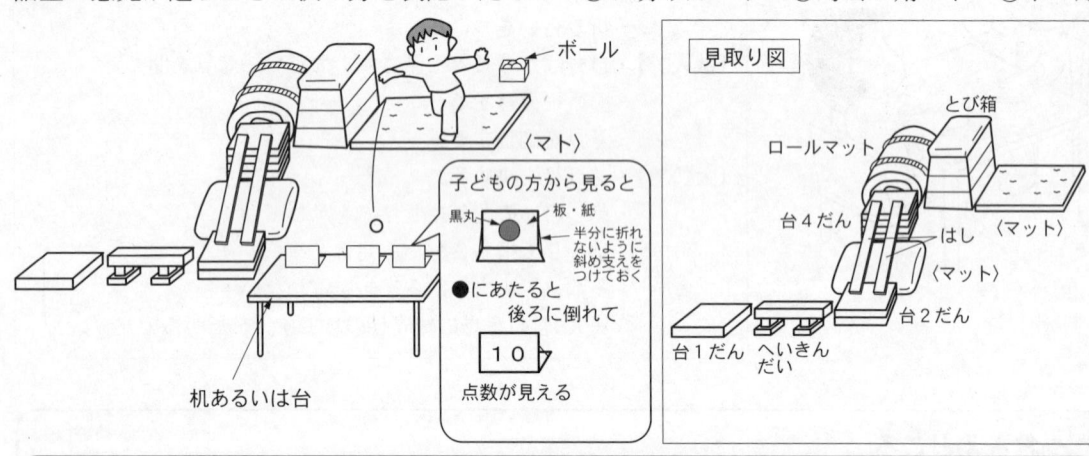

✎おさえどころ

・協力するべき仕事，1人でやるべき仕事があることを知る。
・協力するときの掛け声（「せ～の，いい？」「そっちをもって！」等）を知る。
・話し合いのときの提案の言い方（「～と思うけどどう？」「～でいいよ！」等）を知る。
・意見が違うときの決め方（じゃんけん，譲る，理由を言う等）を知る。
・仲間と折り合いをつける（意見を交える，こだわらない，妥協する，納得するなど）。
このゲームを実行するための前段として，上記の項目を実態によって細かく取り上げる。

◯ひと工夫
サーキット運動の準備・片づけを子どもたちにやらせるなど，同様な活動場面を設定し，繰り返し定着させていく。

| 幼児 | 小学校低学年 | 小学校中学年 | 小学校高学年 | 中学校 |

No.34 20のとびら
質問・応答のルール／情報の聞き取り／協力する

対象児 4～8人
時間 25分

質問しながら答えを推理していくゲームです。「この箱の中に，1枚のカードが入っています。いろいろな質問をして当てましょう」と，教師が出題します。2人組のグループになり，相談をし，「生き物ですか」「どこを走りますか」「たくさんの人を乗せられますか」などと多様な質問事項を決めていきます。他のグループの質問も聞き，答えを決めます。まちがいを恐れずに質問したり，協力したりして学習する習慣が身についていきます。

実施環境 ▶ 事前教示5分，活動15分，振り返り5分。
LTが主として指導をする。ATは2人必要で，個別的に声かけをする。

準備物 ①20のとびらの箱 ②テーマカード ③質問カード（複数枚） ④答えカード
⑤ルール表 ⑥約束表（順番交代，物の名前は直接言わない等） ⑦ヒントカード

✍おさえどころ
・質問により得られた情報を，LTあるいはATが板書し，推理しやすいようにする。
・子どもの実態に応じて，テーマカードを選ぶ。始めに「それは，動物です」とヒントを与え，考えやすいようにする。
・質問に困った時は，「○○（テニスボールなど）より大きいですか」のヒントカードを使う。

➡ひと工夫
・出題者チーム（2～4人）と回答チーム（2～4人）に分かれて実施しても効果的。
・20のとびらの箱を，実物が入れられるように作ると，テーマカードだけでなく，身近な品物が入れられて，子ども同士での応答がしやすくなる。

| 幼　児 | 小学校低学年 | 小学校中学年 | 小学校高学年 | 中　学　校 |

No. 35　パターンブロック伝言
情報の伝達／情報の聞き取り／言葉のやりとり／短期記憶

対象児　2～4人
時間　20分

市販のパターンブロックを使った見本の作り方を言葉で伝え，同じ形を作らせます。2～4人程度のグループで行います。見本を見た児童が使用するブロックの色や形を言葉で伝え，最後尾の児童が実際に作っていきます。パターンブロックは，形によって色が異なるので，形または色だけでもブロックを特定することができます。同じ図案でも違う模様ができるので，簡単な形で何回も楽しむことができます。

実施環境　事前教示5分，活動10分，振り返り5分。
準備物　①パターンブロック　②見本

（図：①憶える　②説明する　③聞く　④作る　「真ん中に黄色のブロックをおいて…」）

✎おさえどころ
・事前にパターンブロックで遊び，色や形を確認しておく。
・形の名前や色を確認し，名前で伝えるのか色で伝えるのかをグループで決めておく。
・何回でも見本を見に行ったり，聞き返したりしてもよいことにする。
・できあがったら，見本と結果を見比べ，上手く伝えられた点，難しかった点をみんなで振り返る。

➡ひと工夫
・初めは簡単な形から，だんだん複雑な形を伝達するようにして，児童の実態に応じて難易度を工夫することができる。
・人数が多いときは，2グループに分けて，早さや正確性を競わせることもできる。

| 幼　児 | 小学校低学年 | 小学校中学年 | **小学校高学年** | 中　学　校 |

No.36 協力レゴづくり
遊具の共有／順番交代／協力する

対象児　2〜4人
時間　25分

子どもたちがよく遊ぶ遊具であるレゴブロックを用いて，順番交代をしながら，グループで協力してテーマに沿った構成を作っていきます。実施方法としては，2〜4人程度のグループになり，机を囲んで座り，1人ずつ順番を交代しながらレゴの構成を作っていきます。完成したときの見本の写真を見せたり，動物園などのテーマを与えたりして，順番交代や遊具の共有，テーマに合わせるといったスキルについて達成感を味わいながら学んでいきます。

実施環境　事前教示5分，活動15分，振り返り5分。

準備物　①レゴブロック（©LEGO）　②レゴを入れるかご　③レゴの構成の見本写真　④ゲームのルール表　⑤約束表（順番交代，友だちのレゴははずさない，テーマに従う等）

（図：こくばんに「テーマ どうぶつえん」「ルール・じゅんばんこうたい・ともだちのレゴはいじらない・テーマのものをつくる」と書かれ，指導者が子どもたちにレゴを渡している場面。「次はあなたよ。2つえらんでね。」）

→ゲームのルールだけでなく，取り組むべき約束（スキル）も掲示する

→順番が回ってくる直前にかごからレゴを2個選ばせる

✏おさえどころ
・前もって完成の見本を写真や実物で見せることで子どもたちの動機を高める。
・約束（順番交代，友だちのレゴを取らない，テーマに従うなど）を事前に理解させてから実施し，活動中でも随所にプロンプトやフィードバックを行う。
・不注意や衝動性が高かったり，手先が不器用であったりする場合，ルールについて細かく声かけをしたり，順番が回ってくる直前に子どもにレゴを選ばせたりする。

➡ひと工夫
・微細運動や空間構成に困難がある場合は，大きいブロックを用いる。また，幼児ならばより優しいブロックやぬり絵などを実施してもよい。
・子どもの状態（自己コントロールや他者に合わせられるか）に応じて，指導者と1対1で実施したり，事前練習を個別の時間にしたりすることも重要である。
・「じゅんばん」はキーワードにして，日常的に指導していき，般化を狙っていく。

| 幼児 | 小学校低学年 | 小学校中学年 | **小学校高学年** | 中学校 |

No.37 変身クイズ
情報の伝達／話し合い／役割分担／言語理解／言語表現／概念形成

対象児　4～6人
時間　30～40分

> 「変身前」役のAさんが身につけている3つの品物をよく観察しましょう。Aさんがついたての陰に隠れた後，ついたてのもう一方の端から出てきた「変身後」役のBさんが身につけている品物は，Aさんと比べて，なにがどう変わったかを表現します。変化は「大きさ」「形」「色」など一定の概念に沿って表現できるようにします。方法がわかったら，友だちとペアになって，指令書に書かれた条件を満たす『変身クイズ』の問題を考えます。お互いに，自分たちの問題を解き合います。

実施環境 ペアになって問題を作る。
LTは学習の説明，進行。ATは2名でモデルの提示や話し合い，品物選定の支援を行う。

準備物 ①変身用の品物いろいろ　②変身前・変身後の品物を入れる箱（ペア数×2）
③指令書（変身の条件を書いた指示書）　④ついたて　⑤変化した部分を表現する方法を書いたカード

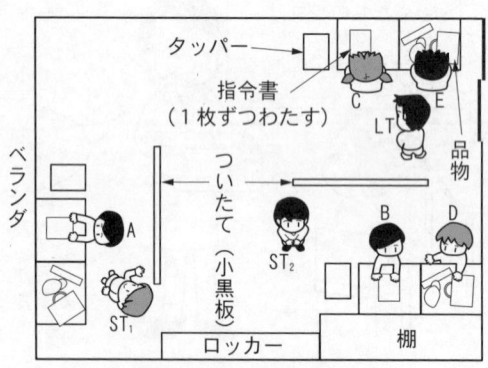

問題を考える時の環境設定

✎おさえどころ
- 児童は，柄のずれ，縫い目の数などの重要でないところに着目しがちである。学習中に，それらは重要でないことに気づかせる。低学年は，問題を作るために品物を選ぶ時，各自が勝手に好きな品物を手に取り，なにをすべきか忘れてしまいがちである。選ぶべき品物を明確にするために，変身前と変身後の指令書を使用するとよい。
- 変化する品物は，変身前 変身後でまず1つとする。変化する部分は，おおきさがかわる かたちがかわる いろがかわる などと文字で表現しておき，その条件に合う品物を考えさせ，選ばせる。相談のキーワードは「ぼくはこれだと思うけれど，どう？」。選んだ物は，変身前 変身後に区別して箱に整理させておく。

➡ひと工夫
- 中学年は，模様などにも着目させ，『縞模様』『チェック』『水玉』などの表現を教える。

| 幼 児 | 小学校低学年 | 小学校中学年 | 小学校高学年 | 中 学 校 |

No. 38 どんな子ですか？
情報の伝達／他者の視点に立つ／言語理解／言語表現

対象児 2〜6人
時間 10〜30分

男の子，女の子の絵のどちらかを選び，マグネットシートでできた洋服を着せ，小物を持たせます。ついたての向こうにいる友だちに，自分がどんな子にしたのかを言葉で伝え，同じ子になるように再現してもらいます。洋服や小物のどんな特徴に着目して伝えたらいいのか，絵の人物は右左のどちら側にどんな小物を持っているのかなどをよく考え，正しく伝えます。2人ずつペアになって行いますが，他の児童はそのやり取りの様子を観察し，伝わり方を評価し合います。

実施環境 ペアになって交替で行う。
LTは課題の説明，進行。ATは最低1人必要。着せ替えや説明をする児童の支援。

準備物 ①男女の絵 ②マグネットシートで作った洋服や小物 ③移動黒板 ④説明する順番や内容を書いたカード

✎おさえどころ
・男の子用と女の子用の洋服や小物をマグネットシートに描いていろいろ準備する。特徴を表現する課題なので，色，模様，形の違いなどに着目し表現できるように描く。
・子どもたちは，自分がわかっている事柄は，相手もわかっているものと思いがちである。また，ものの特徴を伝えるのに，重要ではないこと，本質ではないことを細かく伝える傾向がある。どんなことをどんな順番で伝えると，上手く伝わるのか指導する。

➡ひと工夫
・人物の服装や持っているものの伝達にとどまらず，伝える空間を広げて，『状況』を伝えるという課題にすることもできる。

第4章 小学生のソーシャルスキル活動

| 幼児 | 小学校低学年 | 小学校中学年 | 小学校高学年 | 中学校 |

No.39 矢印をたどろう
指示に従う／手順に沿って動く／矢印の意味理解／空間認知

対象児 2～6人
時間 20分

たくさんの矢印の中から，自分が進む矢印だけを見て動く課題です。教室の床にガムテープでマスを作ります。スタート地点からゴールまでたどり着くようにマスの中に矢印を置きます。置いた矢印の近くに，ゴールにはたどり着かない惑わしの矢印も置きます。惑わしの矢印に惑わされないで，矢印がさす方向に進みゴールまで行きます。スタート地点やゴールの位置を変え，場所が変わっても，自分が進む矢印だけを見て進むことができるようにします。

実施環境 ▶ LTは全体説明。ATは矢印を置いたり児童支援を行ったりする。

準備物 ▶ ①床に作ったガムテープのマス（5列×6段，1マスの大きさは45cm×45cm程度，教室に広さに合わせて作る）　②矢印15～20枚程度（B5サイズの画用紙に太めに書く）
③カード17枚（ゴール地点に置く）　④輪1つ（スタート地点に置く）

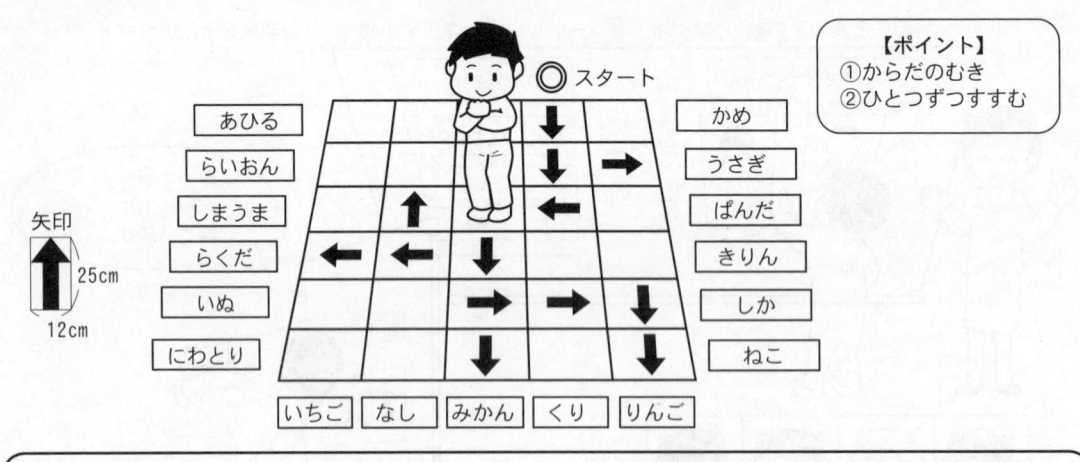

【ポイント】
①からだのむき
②ひとつずつすすむ

矢印 25cm × 12cm

✍おさえどころ
・ゴール地点に置くカードは，「りんご」「きりん」などの子どもが親しみやすいものの名前を書いておく。矢印をたどる子どもがスタートする前に，見ている子どもにはゴールがどこになるか知らせておくと，ゴールにたどり着くことができるか，ワクワクしながら見ることができる。ゴールにたどり着いたら，事前に見せたカードとゴールのカードをマッチングさせて，できたかどうか確認する。矢印の数は子どもの実態に応じて増減する。

➡ひと工夫
・矢印の意味がわかったら，校内にあらかじめ貼っておいた矢印をたどってみる。たどる矢印の色を，1人ずつ変えておくと，複数の児童が同時にスタートできる。自分の色だけをたどっていく。いくつかのポイントを通過すると暗号の文字が入った封筒を手に入れることができ，ゴール後それを持ち寄って，1つの言葉を完成させ，お宝（おやつ）をゲットできるようにすると，児童の意欲が大きくなる。

| 幼児 | 小学校低学年 | **小学校中学年** | 小学校高学年 | 中学校 |

No.40 並びっこゲーム
指示理解／ジョイントアテンション／行動理解／対人的距離感

対象児 4～8人
時間 5～15分

ゲームを通して，集合整列する際のルールを学びます。また，順番が1番じゃなくても我慢したり，友だちに譲ったりすることを学びます。

◆**番号順に並ぼうゲーム**：並ぶ順番を事前に決めます。複数の先生がいろいろな方向を向いて立ち，「○○先生」とリーダーが呼んだ先生のところに集合整列します。自分の番号の順番に並びます（番号は時々変える）。自分の番号の場所を意識して，間を空けます。

◆**○○順に並ぼうゲーム**：並び方に，「名前のあいうえお順」「誕生日の順」など，テーマを決めて並びなおします。友だちとやりとりすることが必要となります。何秒で並べたかや正しく並べているかを合格のポイントにするとよいでしょう。

◆**相談して並ぼうゲーム**：先生が「○○先生の前に集合」と言ったら，子ども同士で相談して一列に並びます。並び順は自由です。「いつも1番になるのではなく譲ること」ができるように教えます。順番がなかなか決まらないときは，じゃんけんで決める方法もあることを事前に教えておきます。ゲームをして，相談して上手に並べるよう練習を繰り返します。

実施環境 LTが事前の約束と集合の合図をする。ATは個別的に声かけをしたり子どもと一緒にゲームに参加して調整したりする。

準備物 ①掲示物「いちばんがすきとマイペース」②掲示物「ゆずる」③「さわらない」

| いちばんがすき | マイペース | ゆずる | さわらない |

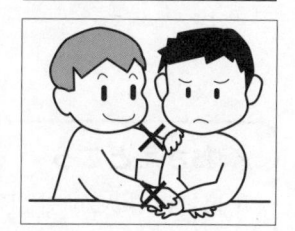

✏️おさえどころ

・ゲームの前に掲示物「いちばんがすきとマイペース」や「ゆずる」を提示して，いつも1番になりたがると，友だちとトラブルになるし，周りからずるいと思われることを伝え，指導者がロールプレイングを行う。

・譲ること，ビリでも怒らないで並ぶことはかっこいいことだと教える。また，マイペースすぎて，並ぶのが遅かったりフラフラしたりするのはかっこ悪いことだと伝える。

・並ぶときは，「腕1本分の距離をとる」「友だちにさわらない」「リーチの範囲に入らない」などと具体的に教えて，前へならえなどをして実際に人との距離感をつかませながら，ゲームで練習する。

| 幼児 | 小学校低学年 | 小学校中学年 | 小学校高学年 | 中学校 |

No. 41　ペアカードマッチング
ルールに従う／負けの受け入れ／質問・応答のルール／ジョイントアテンション

対象児　3～5人
時間　10～20分

組み合わせると1つの絵（動物や食べ物など）になるカードを集めるゲームです。カードを全部分け，トランプのばばぬきのように持ちます（1人4～6枚程度）。自分が欲しいカードを持っていそうな人に「～のカードを持っていますか」と聞き，相手が持っていたらもらいます。組になったカードは，自分の前に絵として完成させて並べます。必要なカードを集め，絵としてたくさん完成させた人が勝ちです。一度に聞けるのは1人に対してだけですが，他の人のやりとりを聞いていればその情報から誰が何のカードを持っているのかがわかります。

実施環境　LTは全体説明を行う。ATは必要に応じて児童の活動（話を聞く，質問を考える，カードを集めるなど）を支援する。

準備物　①絵カード（動物，食べ物，図形などの絵を2分割または3分割したもの）

（吹き出し）
- ○○君，りんごのカードを持っていますか？
- 持っていません。
- △△君がりんごのカードを持っているんだな。

✍おさえどころ
・最初は3人からはじめるとわかりやすい。前もって，このゲームを楽しむポイントを板書したり，モデリングさせたりして説明しておく。
・「カードを人に見られないように持つ」「相手の名前を呼んで必要なことを伝えたり，返事をしたりする」「自分と相手とのやりとりだけでなく，他の人たちのやりとりも聞いて必要なカードを持っている人を推測する」「負けを受け入れる」などいろいろなポイントが入っているゲームなので，子どもの実態に応じて補助や声かけを工夫する。
・やり取りがスムーズにいかない場合は「～君，○○のカードを持っていますか」「ありません」「どうぞ」「ありがとう」などのセリフのカードを使用する。

➡ひと工夫
・グループによっては，3枚で1つの絵になるカードにしたり，その中の1のカードにだけ点数を書いておき得点が高い人が勝ち，というルールにしたりしてもよい。

| 幼児 | 小学校低学年 | 小学校中学年 | 小学校高学年 | 中学校 |

No.42 みっけ!!
情報の伝達／ジョイントアテンション／他者の視点に立つ

対象児 2〜6人
時間 15〜30分

人物を説明する時にどのような部分に注目し，他人にわかりやすく伝えるかを考える基本学習です。まず，人を説明するにはどのようなポイントがあるか，次に，ヒントとは情報が絞り込めるものであることをおさえます。
ヒントマンと称した児童1人が，絵本や写真の中の人物1人が描かれた「人物カード」を引き，その人物をいかに少ないヒントでほかの児童に説明できるかを考えます。ほかの児童はその得た情報で絵本や写真の中のどの人物かを当てるゲームです。

実施環境 LTが進行をする。ATは個別的に声かけをする。

準備物 ①人物カード ②絵本（人物や物などの情報が多い絵や写真，子どもの特徴に合わせて自作してもよい）

（吹き出し：1つめのヒントはピンクの服をきています…）

📢おさえどころ
・人物を説明するときのポイント（性別，大人か子どもか，洋服の色や柄，持ち物の形，大きさ，動き）をおさえる。
・「自分が知っていること」は必ずしも「相手も知っていること」ではないと意識させる。
・上手く伝わらず「イライラすることもある」と事前に伝えておき，活動中も「伝わらないでイライラしちゃうね」「イライラをよくおさえた」等のフィードバックをすることで，感情の認知とコントロールをうながしていく。各々の「心を落ち着かせる方法」を確認しておく。

➡ひと工夫
・3人グループになって，AT（1〜3人）にヒントを1つずつ聞き出し，その3つのヒントを合わせて誰かを当てるゲームもできる。人に尋ねる時には「クッションことば」を使うことを意識させ，人が集まっている場所や職員室等の実際の場面におきかえて行う。

| 幼　児 | 小学校低学年 | 小学校中学年 | 小学校高学年 | 中　学　校 |

No. 43　熟練カードゲーム
ルール理解／順番交代／勝ち負けの経験／感情の認知

対象児　2〜8人
時間　20〜30分

さまざまなカードゲームのルールを理解しながら，子ども同士が楽しい雰囲気で遊べるように支援していきます。また，カードゲームのレパートリーを増やすことで，子ども同士の遊びや宿泊学習などでも困らないようにします。ゲームの種類は，子どもたちがよく行うもの（カルタ，ぼうずめくり，4カード，ばばぬき，大富豪，UNOなど）を取り上げるとよいでしょう。

実施環境 ▶ LTがルール説明と時間管理をする。ATは個別的に声かけをしたり，苦手な子どもとペアになって活動したりする。

準備物 ▶ ①カード（トランプ，UNO，百人一首）　②ルール表（ぼうずめくり，4カード）
③掲示物（「負けても平気」「負けたときはくやしいと言う」など）

（UNO　あといちまい）

ぼうずめくりのルール表

1　カードを積んで4つの山をつくる。
2　順番に1枚ずつめくる。
3　との，ぼうず，ひめのルールに従う。
4　最後に1番多い人が勝ち。

との	そのままカードをもらう。
ぼうず	持っているカードをぜんぶかえす。
ひめ	たまっているカードをぜんぶもらう。

4カードのルール表

★5人なら，カードは1〜5の数字を4枚ずつ用意する。チップは4つ（人数−1）。

1　1人4枚トランプを左手にもらう。
2　数字がそろっていないカード1枚を右手に持って，「いっせいのーせ」の合図で，右となりの人に渡す。
3　左となりの人からカードをもらう。
4　4枚とも同じ数字がそろったら，真ん中においてあるチップを取る。
5　他の人は，自分のカードの数字がそろっていなくても，誰か1人がチップを取ったら，すぐにチップを取る。
6　チップを取れなかった人が負け。

✍おさえどころ

ゲームを行ううえで、おさえどころとして次の2つがある。

①ルールの理解，順番の理解を焦点に当てて実施する

・ルールの理解がしやすいように，ルール表などの視覚的な手がかりを与えておくと，自信をもって取り組める（ぼうずめくりのルール表，4カードのルール表）。また，低学年の子には，UNOの数字カードとスキップだけで最初はやってみるなど，スモールステップでルールを追加していくと定着しやすい。カードゲームのルールは，地域によって多少違いがあるので，事前にルールを統一して確認するとよい。

②勝ち負けの受け入れ，感情の認知に焦点を当てて実施する

・はじめのほうは，勝ち負けになれるように「ぼうずめくり」「4カード」のような頻繁に負けたり，勝ったりするゲームをするとよいだろう。スモールステップで徐々に負けの強烈度を増やしてクリアしていけるように活動を工夫する。ゲームのレベルごとに「まけてもへいき」表で負けても楽しくできたら花丸をつけるなどをしてもよいだろう。

まけてもへいき				
名前	レベル1 じゃんけん	レベル2 4カード	レベル3 UNO	レベル4 ばばぬき
A	🌹	🌹	🌹	🌹
B	🌹	🌹	🌹	
C	🌹	🌹	🌹	
D	🌹	🌹	🌹	
E	🌹	🌹		
F	🌹	🌹		

・勝ち負けにこだわったり負けるとパニックになったりする子には，負けたときに自分はどうなってしまうのかを認識させておき，負けるとだれでもくやしい気持ちがおきることを伝える。

　　　　　　　　　　　　　　　　　　　　　負けても，まあいいや

・また，「負けても，まあいいや」「勝つときもあれば負けるときもある」「勝負は時の運」「次は勝つぞ」などと考えることが大切であることを掲示シートやコミック会話などで理解させておく。

　　　　　　　　　　　　　　　　　　　　　勝つときもあれば
　　　　　　　　　　　　　　　　　　　　　負けるときもある

・負けたときに泣いたり「つまんない」「くやしくない」と自分の気持ちをごまかしたりしないで，「くやしい」と素直に言葉で言うと，気持ちがスッキリすることを教える。

　　　　　　　　　　　まけたとき　　　　　くやしいという
　　　　　　　　　　　（くやしくない）　　　（くやしい）

➡ひと工夫

・ゲームのレパートリーが増えてきたら，2択や3択で，今日は何のゲームをするのかを話し合うのもよい。相手の意見を聞く，譲るなどの話し合いのスキルを身につける機会にもなる。

・話し合って決める際は「ゲーム係」を決めて，話し合いの司会やカードの準備，カードを配る，順番を決めるなどの役割をさせるようにするとよい。

| 幼　児 | 小学校低学年 | 小学校中学年 | 小学校高学年 | 中　学　校 |

No.44 探検隊はどこだ
協力する／役割分担／役割理解／空間認知／情報の伝達／情報の聞き取り

対象児　2～5人
時間　20分

探検隊（1～2名）と指令本部（1～3名）に分かれて，お互いの情報を携帯電話（または，トランシーバー）で交換しながら学校内のチェックポイントを探検します。探検隊は自分の好きな場所からスタートしますが，学校のどこにいるかを指令本部に伝えます。指令本部は探検隊の居場所を配置図で確認し，チェックポイントに行く道順を考え，道順を伝えます。探検隊は道順を聞き，チェックポイントまで行きます。チェックポイントに着いたら暗号を取り，次のポイントまでの道順を探検隊に聞きます。指令本部の道順に従ってチェックポイントを通り，暗号を集めて教室まで戻り暗号を解読します。

実施環境　LTは全体説明と指令本部補助。ATは探検隊補助。
準備物　①携帯電話2機　②学校校舎配置図3枚（拡大コピーしたもの1枚，B4サイズ2枚）③メモ用ボード　④暗号（チェックポイントの数分）　⑤人形（地図に置く位置確認，目印）

（図：探検隊と指令本部のやり取りの様子）
探検隊：「こんどはどっちに行くのかな？」「2かい理科室前にいます」
メモボード：①から　②へ　A階段へ　3Fまで　右へ
指令本部：「2かい理科室前ですね」「次のチェックポイントは3かいに行って右だ」「あっここだ」
チェックポイントが記入された学校校舎配置図

✍おさえどころ
・電話でやり取りをしていると，自分が聞いたことは，他の子もわかっていると思いがちである。自分が聞いたことは他の子にも伝える必要があることを意識させる。また，役割分担を明確にして協力してやり遂げたという気持ちがもてるようにする。役割としては，探検隊は電話係（携帯電話で指令本部とやり取りをする），地図係（指令本部からの道順を地図で確かめ，チェックポイントの暗号を集める）など。指令本部は指令係（携帯電話で探検隊に指令を出す），場所確認係（地図を見て探検隊のいる位置に人形を置く），道順係（次のチェックポイントまでの道順を考える）などが考えられる。
・役割分担を換えて取り組み，協力してうまくできたところなどを発表し合う。

➡ひと工夫
・学校の近くを探検する。地図を見ながら携帯電話でやり取りをしてチェックポイントを通り，学校まで戻る。信号の見方，道の歩き方など交通安全には十分注意する。

| 幼　児 | 小学校低学年 | 小学校中学年 | 小学校高学年 | 中　学　校 |

No.45　ドミノ倒し
話し合い／協力する／失敗の受け入れ／注意集中／微細運動

対象児　2～3人
時間　30分

ドミノ倒しのコースを分担・協力をしながら根気よく作ります。2～3人ぐらいで行い，途中でコースの軌道修正等を話し合ったり，誤って倒してしまった時にチクチク言葉を言わずに取り組んだりします。最後にみんなで作ったドミノを倒して達成感を味わわせます。

実施環境　事前教示5分，活動20分，振り返り5分。

準備物　①ドミノ　②ドミノを入れる児童数分のかご　③ドミノ倒し止めストッパー（ブックエンドなど）　④ドミノコースの見本　⑤上手に作るポイント表

【上手に作るポイント】
①ゆっくり，あせらない
②失敗しても，またチャレンジ
③友だちの失敗には「どんまい」
③こまめにストッパー
④どうつなげるか，話し合う
⑤友だちや先生のアドバイスを
　きちんと聞こう

✎おさえどころ

・ドミノがどういうものかを映像や写真などをもとにイメージさせ，上手に作るポイントを説明する。イメージと見通しをもたせてから開始する。

・途中でドミノを倒してしまったら，失敗した原因を黒板に書き出し，同じ失敗をしないように気をつけるようにすることを事前に教示する。失敗して責められたというニュアンスをなくすために，「よく，分析できた。OK」などと報告できたことをほめ，「はい，次がんばって」「どんまい。気楽にね」などとさらりと声かけをしていく。

・指導者が，集中の短い児童に対しては，事前に並べる数を決めさせ，作業の見通しをもたせて，指導者がストッパーを置く役になる。

➡ひと工夫

・取り組んでいる様子や完成して倒した時の様子をビデオに撮る。協力したことや失敗しても再挑戦したことなどをフィードバックしていく。

| 幼児 | 小学校低学年 | 小学校中学年 | 小学校高学年 | **中学校** |

No.46 問題解決すごろく
社会的問題解決／流れに沿って動く／他者の助言の受け入れ

対象児　2〜8人
時間　30〜40分

すごろくゲームを2〜8人程度で行います。すごろく板はダンボール板に，四角に切った赤・青・緑の色画用紙を，色の順番をばらばらにして並べて貼ったものです。すごろく板を囲んで座り，さいころを振る順番を決めます。出た目の数だけ進み，止まった場所の色と同じ色の問題（カード）を読み，答えます。問題は，赤は「協力の問題」，青は「動作の問題」，緑は「こんなときどうするの問題」といったように色別で分けておきます。どうしてもわからない時は，「ヒントをください」「教えてください」と，他の子に助けを求めることができるようにします。

準備物　①すごろく板（90cm×90cm）　②さいころ（布製の大きめの物）　③人数分のコマ
④三色の問題カード

【問題の例】
＜協力の問題＞
隣の人としりとりを10回続けましょう。

＜動作の問題＞
右手で，左の耳をさわりなさい。

＜こんなときどうするの問題＞
前の人がハンカチを落としました。どうしますか。

✎おさえどころ
・問題は，子どもたちの「協力」「動作」「こんなときどうする（社会的問題解決）」などの課題に即したものを準備する。子どもたちがある程度，自力でできるような難易度にしていく。また，3割程度，指導者や仲間のアドバイスや協力がなければ解けない問題も用意する。
・「こんなときどうするの問題」では，1つの問題でも違う考えがあること，状況によっては異なる方策もあることに気づかせる。また，自分だったらどうするか指導者が他の仲間に意見を聞いてみてもよいだろう。
・難しい問題に当たったときには，仲間や指導者に聞いてもよいことを事前に教示しておき，すごろくを実施している途中でもそのつど，助言を求めるように促していく。
・早くあがった児童は，仲間にカードを配る，さいころを渡す等の役割を与え，最後までゲームに参加できるように配慮する。

➡ひと工夫
・問題は，日常生活で気づいた児童の課題を取り入れる。実態に合わせて変える。

| 幼児 | 小学校低学年 | 小学校中学年 | 小学校高学年 | 中学校 |

No.47 見立てゲーム
言語表現／想像力／柔軟に対処する／自己決定

対象児 3〜7人
時間 5〜10分

丸くなって座り，身近にある1つのものを1人ずつ何かに見立てていきます。大きさや硬さなどにとらわれず自由に発想させ，どんなものに見立てても他の人はそれを否定しないという約束をしておきます。発表した人はそれを次の人に渡し，もらった人は今まで発表されなかったものに見立てます。思いがけない見立てを楽しんだり，何に見立てても肯定される安心感を味わったりします。

実施環境 LTは全体説明と進行。ATは児童の支援。

準備物 ①身近にある見立てがしやすいもの（例：ハンカチ，棒，紙皿などのなるべく単純な形のもの）

おさえどころ
・同じものを見ても，人によっていろいろな感じ方，考え方があることに気づかせる。
・棒を見て，バット以外に見立てられない子どももいれば，ネクタイや大きい耳かき，丸い部分を想像してフライパンなどいろいろなものに見立てられる子どももいる。見立てるということや視点を変えるということが苦手な子どもに対しては，指導者がヒントを出す。
・他の子どもの発表を聞いていくうちに柔軟な発想ができるように，指導者は発表に対して肯定的な声かけをする。
・持っているものを次に誰に渡すかなかなか決められない子どもには，あらかじめ誰に渡すか決めておくようATが声をかけておくとよい。

ひと工夫
・見立ての意味がわからなかったり，どうしても発想の切り替えができなかったり，非常に細かい部分に着目してしまい見立てにならない子に対しては，このようなゲーム形式をする前に見立て遊びなどを十分にしておくとよい。

| 幼　児 | 小学校低学年 | 小学校中学年 | 小学校高学年 | 中　学　校 |

No.48 相談ゲーム
話し合い／推理・推測／心の理論／柔軟に対処する

対象児　3〜7ペア
時間　20分

ペアをいくつかつくり，テーマ（動物，スポーツなど）に合う言葉を2人で相談して考え，決められた数だけ書き出します（チーム数や学年に応じて決める）。あらかじめ「その言葉を書いたのが自分たちだけだったら高得点」にするか「同じ言葉を書いたチームが多い方が高得点」にするかを決めておきます。それによって，他のチームが書きそうな言葉を書かない方がよいのか，書いた方がよいのか，作戦が異なってきます。発表し合った後に得点を計算します。

実施環境　LTは全体説明と進行，ATは話し合い活動の支援を行う。
準備物　①答えを書く紙（チームに1枚）　②鉛筆

（吹き出し）そうだね。ぼくもそう思うから，〜と書いておこうね。
（吹き出し）〜は，他のチームは書かないと思うよ。

おさえどころ
・他のチームの答えを予想しながら書かなくてはならないので，どういう場合に高得点になるのかをあらかじめはっきり示しておくことが大事である。その観点がわからずに進行しているチームには途中でATが声をかけて気づかせる。
・「他のチームに聞こえないような声の大きさで相談する」「自分の考えだけでなく相手の考えも聞きながら書く」などの話し合いの基本を前もっておさえておく。また，他のチームの発表を聞きながら，チームとして，結果を受け入れたり，感情を相手と上手に共有できたりした場合には，取り上げ，評価する。

ひと工夫
・途中で高得点になる条件を反対にして，発想の切り替えをさせるとよい。

| 幼　児 | 小学校低学年 | 小学校中学年 | 小学校高学年 | 中　学　校 |

No.49 ゴムゴムUFOキャッチャー

協力する／相手の動きに合わせる／遊具の共有

対象児　2～4ペア
時間　10～15分

競争になると，あわててしまいスタンドプレイになりやすく，周りを意識しにくくなることはよく見かける光景です。この活動は結集性が弱かったり，操作能力が低かったりするグループでも行いやすい活動です。
輪ゴムに綴じ紐を4ヶ所結び，2人または4人でその紐を引っ張り合います。置いてある紙コップに差し込み，輪ゴムではさみ，指定された場所まで運びます。同じ目的をもって相手の動きを意識して活動するゲームを行うことで勝負の経験によってセルフコントロール，行動の共有を通して集団行動，仲間意識を高める活動です。

実施環境　LTがルールの説明とゲームの進行をする。
準備物　①紙コップ（運ぶ数×チーム数）　②綴じ紐（4×チーム数）　③コップを運ぶ所を指定するシート

✍おさえどころ

・ゲームの前にチームで練習して，動きのイメージをつかみコミュニケーションをとる。
・動きを合わせるにはどうしたらよいか相談する。
・声をかけ合うこともルールの中に入れ，コミュニケーションをとることを意識させる。
・勝敗の受け入れが厳しい場合は，チームごとにかかった秒数で活動の協力を確かめていく。活動の楽しさを感じてから，チーム対向で行う。

➡ひと工夫

・さらに発展として相手の動きを意識する活動では，大きなシート，シーツなどを二人でたたむといったことも，日常の指導の中で取り入れるとよい。

第4章　小学生のソーシャルスキル活動　89

| 幼　児 | 小学校低学年 | 小学校中学年 | 小学校高学年 | **中　学　校** |

No. 50　野外遊び
協力する／仲間にかかわる／仲間関係を楽しむ／遊びの共有

対象児　5〜20人
時間　30〜60分

公園に出て，自然のものを用いて教室内ではできないさまざまな活動を行っていきます。

◆オリエンテーリング：3〜5人でグループをつくり，公園などの実施する場所の地図を渡し，地図上のマークがついているポイントへ向かいます。設置されたポイントに着いたら指導者から指令をもらい，それをクリアしていきます。クリアしたらパズルのピースがもらえ，すべての指令をクリアできたらゴールへ向かい，枠をもらってパズルを完成させます。

◆落ち葉集め：5〜6人のグループに別れ，落ち葉を集めて山を作り，制限時間内にどのグループが一番高く積むことができるかを競争します。競争後はすべてのグループの落ち葉を1ヶ所に集めて，落ち葉プールを作り，勝ったチームから落ち葉プールに飛び込み，楽しみます。

◆石顔コンテスト：公園内を3〜4人のグループで探索し，自分の好きな形の石をそれぞれ探します。石が見つかったら，1ヶ所に集まって石に顔を描き，石顔を作っていきます。完成したら順番に発表します。

◆お面作り：公園内を3〜4人のグループで探索し，大きい葉っぱやどんぐりなどのお面の材料になりそうなものを拾ってくる。一通り探索したら，集合場所に戻ってお面の型をもらい，材料を貼りつけていく。全員が完成したら，1人ずつ完成品を発表する。

実施環境　LTはゲームの説明をし，時間の管理をする。ATは各グループに入る。

準備物

◆オリエンテーリング：①パズルのピース（4〜6個）　②パズルをはめる枠　③指令で出す課題に必要なもの　④グループの旗などグループのシンボルとなるもの

◆落ち葉集め：①落ち葉を集めるための道具（ゴミ袋やバケツなどのさまざまな道具）　②高さを測れるもの　③ストップウォッチ

◆石顔コンテスト：①ポスカなどの石に描けるペン　②接着剤などのくっつけるもの　③予備の石

◆お面作り：①色画用紙で作ったお面の型（目と口の部分に穴を開けたもの）　②接着剤やテープなど材料をくっつけるもの　③輪ゴム

「できた～！」
「ありがと～」
「いっぱい集めてきたよ」

✎おさえどころ

- 公園では刺激が多いため，全体説明の際にはできるだけ具体物を見せるなど，視覚的な刺激を用いて注意を向けやすいようにする。また，環境面にも配慮し，できるだけ人の少ないところや静かな場所で全体説明を行うようにする。ATは子どもたちの周囲を囲むように配置し，注意をLTの方へ向けるよう促す。
- 工作をする際には，あらかじめ指導者が作った見本を提示し，見通しがもてるようにする。また，作業手順が多い場合には手順表を提示し，一つひとつの手順を明確にし，かつ完成までの見通しがもてるようにする。
- 工作で道具を使う場合はグループで1つのものを使うようにする。その際，道具はグループ全員で使うことを事前に説明し，借りる時の具体的な言葉かけの仕方（「終わったら貸して」「～が終わるまで待って」など）を教示しておく。適切な言葉かけができていたらフィードバックする。
- グループで行動する際には，約束として『みんなで行動する』ことを提示しておき，1人で違う行動をしないように意識づけておく。
- 子どもによって集中の持続時間に差があるため，活動の時間が長くなるときには時間の見通しがもてるよう，あらかじめスケジュールの説明をしておく。また，工作などで早く作り終えてしまう子どもがいると想定される場合には，より発展した工作物などを用意しておく。

●ひと工夫

- オリエンテーリングは指令の出し方やゴールの仕方を変えることで，いろいろな学年の子どもが楽しめるようにアレンジすることができる（アレンジ例：公園のどこかに指導者数人が隠れ，その人の背中に書いてある文字を全部つなげて宝の在り処を探すなど）。
- 作ったものを発表し合う際には，いろいろな賞をつくり，全員で投票してもよい。

| 幼児 | 小学校低学年 | 小学校中学年 | **小学校高学年** | 中学校 |

No.51 絵描き歌
指示理解／行動調整／手指の巧ち性

対象児 4〜6人
時間 3〜10分

絵描き歌カードをめくり，子どもたちと歌を歌いながら絵を描いていきます。歌のリズムに合わせて，線を描いていくことで，歌い終わると同時にテーマ通りの絵が仕上がります。初めに，ホワイトボードに描き，テーマの絵を練習します。次に，清書用の紙に描くことで，間違いを恐れずに仕上がります。歌を楽しみながら，順序通りに手を動かし，達成感を味わうことができます。

実施環境 時間は，歌に応じる。LTは，歌を歌いながら，見本の絵描き歌カードに記してある描く線を指す。ATは，絵描き歌カードを歌に応じてめくる。

準備物 ①ホワイトボード　②マーカー　③絵描き歌カード　④ストップウォッチ

✍おさえどころ
・最初にホワイトボードを使用することは，やり直しができるため，失敗をすることを恐れず，絵に対する抵抗感を軽減できる。
・事前に最初に描く線を見せることで，どんな絵ができあがるかという期待感,動機を高める。

ひと工夫
・絵描き歌に合わせて絵が完成した後，自由につけ足したり色を塗ったりする時間を設けると，子どもの想像力を育む機会にもなる。
・見本の絵描き歌カードは，描く線ごとに作成すると，描く部分がわかりやすい（1曲につき約10枚）。

| 幼　児 | 小学校低学年 | 小学校中学年 | **小学校高学年** | 中　学　校 |

No.52　○△□から絵を描こう
指示理解／想像力／手指の巧ち性

対象児　4〜6人
時間　9〜13分

基本図形（○，△，□）から自由に絵を加えて，仕上げていく絵描きゲームです。答えや決まりがないため，子どもの豊かなイメージを自由に表現することができ，絵の苦手な子どもでも抵抗感なく取り組めます。2分間などと時間を制限することで，表したい事柄を短い時間でまとめるように促します。基本図形を変えて2回，3回と繰り返し行うことで，流れに沿って動くようにも指導します。また，発表タイムを設け，自分の描いた絵を説明してもらいます。

実施環境　事前教示2分，活動2〜6分，振り返り5分。
LTは，指示を出したり，時間を計ったりする。

準備物　①ホワイトボード　②マーカー　③ストップウォッチ

（吹き出し）丸から何が生まれるかな？
（吹き出し）よ〜いスタート！

✍おさえどころ
・ホワイトボードを使用することで，絵を描くことへの抵抗感を軽減する。
・ホワイトボードの中央に基本図形を目立つ色（赤や青など）で描き，元の形を意識づける。
・制限時間になる20秒前に終了を予告する等，行動が切り替えられるように配慮する。

➡ひと工夫
・学年や学習内容に応じて，基本図形を台形や平行四辺形などにアレンジしても楽しめる。
・動物や乗り物などのテーマを決めてから行うことも，興味・関心を高めることに有効。

| 幼　児 | 小学校低学年 | 小学校中学年 | 小学校高学年 | 中　学　校 |

No.53 サーキット運動
行動調整／流れに沿って動く／粗大運動／微細運動

対象児　3～12人
時間　30分

子どもの課題に沿って「歩く」「跳ぶ」「バランス」「回転」「ぶら下がる」「よける」「持ち上げる」などのさまざまな動きを，設置されたコースを回りながら順番に行う。順番を待つ，名前を呼ばれたら返事をしてから始めるなどの集団で取り組むときのルールに従うことや，体を静止し気持ちを整えてから動作に入るなど動きをコントロールすることもねらいとなる。事前に回数を決め，決められた回数取り組む。繰り返し取り組むことによって，流れに沿って行動できるようにする。

実施環境　LT と AT は共に運動補助を行う。
準備物　①各種運動用具（跳び箱，鉄棒，マット，平均台等）　②ケンステップ
③回数板書黒板

番号	題材	項目	内容例
①	低い台	歩く	荷物運び
②		跳ぶ	立ち幅跳び
③	ボール	つく 転がす	両手でついて取る ドリブル 体の周りを転がす
④	平均台	バランス	平均台またぎ
⑤	跳び箱	跳ぶ	よじ登る→静止→ジャンプ 腕立て支持開脚跳び越し
⑥	棒	バランス	太もも上げ
⑦	輪		輪くぐり
⑧	はしご	跳ぶ	はしご跳び（両足連続前跳び，両足連続横跳び，グーパー跳び，はさみ跳び　等）
⑨	鉄棒		ぶら下がり，跳びつき，つばめ，逆上がり，前回り降り
⑩	マット	回転 筋力	前転，後転，横転 腹筋，上体反らし
⑪	板書		回数を書く，番号に丸をつける

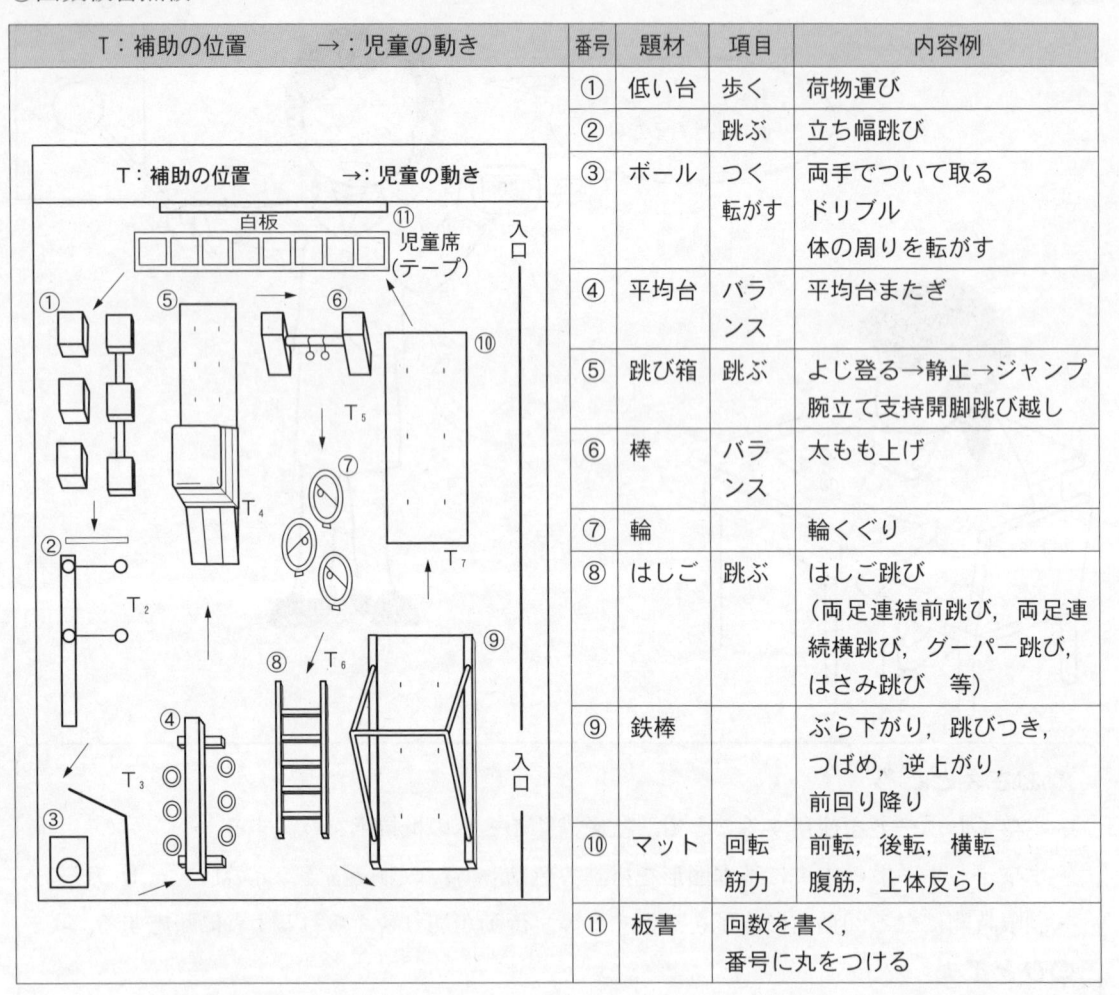

【課題の説明】　※数字は前頁に示した課題の番号

①荷物運び
箱に触らないように重い手さげ袋を持ち上げて運ぶ課題。箱の位置や高さを変えて取り組む。手さげ袋に水が入ったペットボトルを入れ，重さを変える。

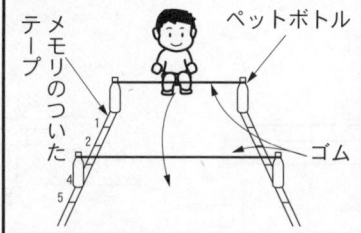

②立ち幅跳び
両足でゴムを跳び越す課題。ゴムを跳び越すことで遠くに跳ぶことを意識させる。ペットボトルの位置はメモリに合わせて移動させる。

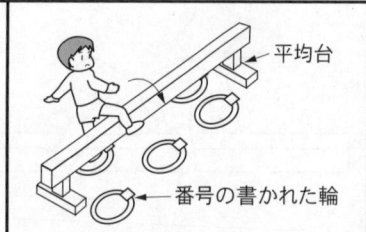

④平均台またぎ
平均台をまたぎながら番号順に輪の中に足を入れる課題。輪の距離を変化させて取り組むことで，足の動きをコントロールする。

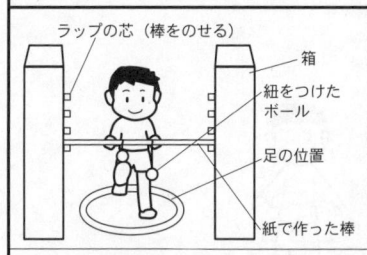

⑥太もも上げ
棒に紐でぶら下げられたボールを，膝でタッチする課題。上げる高さや強さを調整する。片足でバランスをとって行う。棒の高さは変えられる。

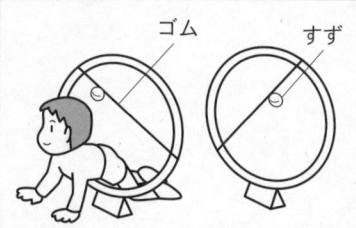

⑦輪くぐり
輪にかけたゴムに触らないでくぐる課題。ゴムの位置を変えて取り組む。ゴムの中央に鈴をつけたことでゴムに触れたことが聴覚的にもわかる。

⑧はしご跳び
床に置いたはしごを使って，いろいろな跳びかたをする課題。両足を揃えて棒を跳ぶ「両足跳び」，棒をまたいで跳ぶ「はさみ跳び」など。

【その他の課題例】

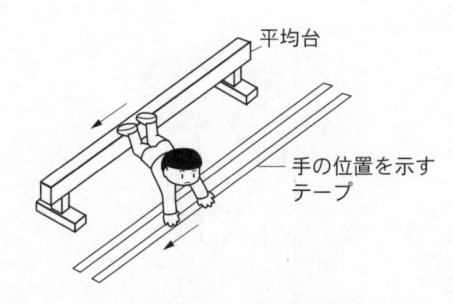

▲足かけ高這い
低い平均台に足をかけ，手を床に着く。手足の動きのバランスをとりながら横に移動していく課題。手の位置がわかるように，床にテープを貼っておくとよい。

▲腕で支えての位置移動
平均台に座り腕の力で上体を持ち上げ，少しずつ横に移動する課題。自分の体を支えるために，力を込め続けたり，静かに力を抜いたりする。どの場所に両手を着くと上手く体を支え，移動できるか考えさせる。

▲逆高這い
高這いの逆の姿勢で前後に進む課題。低い平均台やバランス棒などをまたぐような姿勢で行うようにすると、お尻が床に着かないように気をつけることができる。

▲平均台横歩き・壁際
壁際に置かれた平均台を横歩きしていく課題。目の前に壁があることがプレッシャーになるが、バランスをとって移動していく。

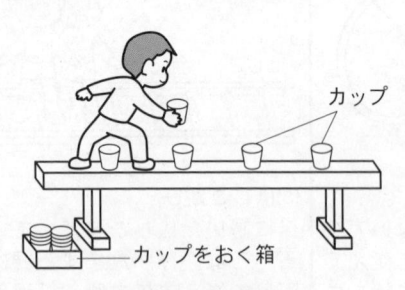

▲平均台渡り
平均台上のカップをまたいで渡ったり、カップにカップを重ねて行ったり、取ったりする課題。台上で、体をかがめたり起き上がったり、体勢を変えてもバランスを保つようにする。

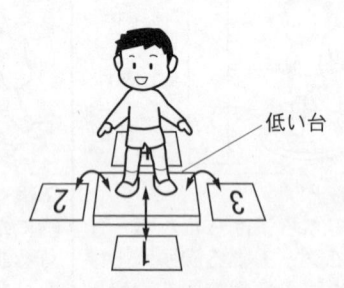

▲前後左右跳び
低い台を中心に、前後左右に跳ぶ課題。跳ぶ方向を変化させるため、瞬時にバランスをとる必要がある。跳ぶ向きや強さを考えながらリズミカルに取り組ませる。

▲壁くぐり
2枚のついたてに貼られた小さな箱に触らないでくぐる課題。
体の2ヶ所以上に注意を払ってくぐる。

▲斜め腕立て伏せ・壁使用
足を動かさないように、壁に向かって倒れていく。壁にぶつかる前に腕で体を支える。さらに壁を押して、体勢を元に戻す課題。足の位置を変え、壁からの距離を遠くするとハードルが高くなる。

▲ボール回し
自分の体の周りでボールを回す課題。首の周り，胴の周り，膝の周り，足元の周りなどで，ボールを逃がさないように体に沿わせて回す。回す位置は，カードに書いておき，児童がめくりながら順番に取り組めるようにするとよい。

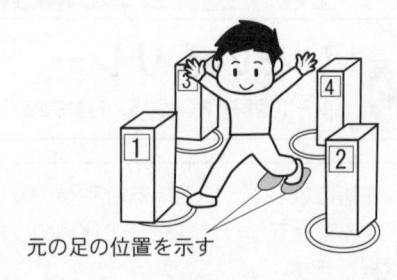

▲箱タッチ
近いほうの足を大きく踏み出して，指示された箱にタッチする課題。触ったら，足を元の位置に戻す。重心の移動を，バランスを取りながら行う。箱の位置は児童の能力に合わせて動かす。

▲足上げ壁タッチ
机で体を支えながら，指定された足（右・左）で指定された色と番号のカードをタッチする。高さ，遠さを考え，足を伸ばしたり縮めたりする。

▲両腕体支え
両側の机に手を着いて，体を浮かせ，2つの机の間に渡したゴムを繰り返しまたぐ課題。上体の動きをコントロールする必要がある。

おさえどころ

- 子どもの実態に合わせて課題や目標を設定する。自分の目標に向かって前向きに取り組めるよう，同じ系統の運動でもレベルを変えて取り組めるもの，できたかどうかすぐフィードバックできるものを課題として設定する。
- うまくできなかったときに，できるまでやり続け，途中で止められない子どももいる。「3回やったら終わり」のように回数を示し，指示に従えるようにする。
- 普段体育で取り組んでいる運動だけでなく，「重いものが持てない」「足を高く上げてまたげない」等，日常生活の困難に則した運動を取り入れる。
- 自分が使う道具の準備，片づけなども子どもの実態に合わせてやらせる。

ひと工夫

- 跳んだ距離がわかるように目盛りをつける，タッチできたら音がするなど，どこまでできたか視覚的・聴覚的にわかるようにすると課題を意欲的に取り組める（課題の説明を参照）。

| 幼　児 | 小学校低学年 | 小学校中学年 | **小学校高学年** | 中　学　校 |

No. 54 いろいろリレー
ルール理解／対人意識／行動調整／相手の動きに合わせる／協力する

対象児　2～8人
時間　10～30分

２人１組になって，いろいろな種類のリレーをしながら，ペアの友だちと動きを合わせたり協力したりすることを学びます。どの種類のリレーを何回やるのかは，子どもたちの実態や課題に合わせて選択します。

実施環境 ▶ LTがルール説明と時間管理をする。ATは個別的に声かけをしたり，苦手な子どもとペアになり活動したりする。

準 備 物 ▶ ①ビニールテープ（スタートやゴール，各コースを示す）　②各リレーで使うもの

▼ボール運び

ペアでボールを落とさないようにゴールまで運ぶ。手のひら同士やお腹同士，背中同士，ほっぺた同士など運び方を変える。新聞紙やタオルに乗せて運ぶ方法もある。

▼人間ハードル

２人１組で，１人はうつ伏せで寝る。もう１人はジャンプして乗り越える。ジャンプした人は，すぐにとなりにうつ伏せで寝る。寝ていた人がすぐに起きてジャンプする。この繰り返しを行う。

▼島渡り

ペアになり，「渡る人」と「置く人」に分かれる。「置く人」が２つの島を動かして置きながら，ゴールまでの道を作る。「渡る人」は落ちないように渡る。島はダンボールやジョイントマット，大きめの積木などを使う。

▼協力島渡り

「ボードちょうだい」

島渡りの応用版。2～6人のグループで1チーム。全員が島に乗り，落ちないようにゴールまで渡る。使える島の数は，人数＋1個。2人組から人数を増やしていくと難易度が上がる。

▼二人三脚

「せーの 1，2」

ペアで並び，内側の足をはちまきで結ぶ。歩くペースを合わせて，転ばないようにゴールまで行く。

✏おさえどころ

- 事前に，指導者が協力の失敗場面を示し，協力のポイントを考えさせる。
- 上手に協力するポイントは具体的に設定する。「せーの」「はいっ」「1，2，1，2」のかけ声をする，失敗したときは，「どんまい」「いいよ」の励ましの言葉を使う，相手の体を支える，相手が渡りやすい場所に島を置くなどの必要なポイントを掲示する。
- 勝ち負けやタイムよりも相手とうまく協力できたかを振り返る。どうしても勝ち負けにこだわってしまう場合は，制限時間を決めてクリアできるかというルールにすると，協力することに意識がいきやすい。
- 本番を行う前（タイムを計る前）に，練習タイムを設定するとよい。

➡ひと工夫

- 上記のリレーの種類をいくつもサーキットに組み込んで，2人で協力して行ってもよい。

| 幼　児 | 小学校低学年 | 小学校中学年 | 小学校高学年 | 中　学　校 |

No.55 風船バレーボール
協力する／ルールに従う／仲間を応援する

対象児　2～4人
時間　10分

> ネットを挟んで向かい合って座り，風船を打ち合います。1ゲームを何点先取にするか，ポジションやサーブ順を決め，1点ごとにサーブを交替します。相手チームとの接触がなく，風船の動きがゆっくりなので，不器用さがある児童も参加しやすく，チームプレイや声をかけ合うことが学びやすくなります。ホールディング（風船を持たない），ドリブル（風船を連続で触らない）などのルールを理解していく中で，必然的に協力することを学びます。

▶**実施環境**　時間で区切らず，5点先取などと決めてもよい。
LTが審判をしながら，児童のチームプレイや励ましの声かけを評価する。ATはチームに入り，パスを振り分けたり，パスや声かけのモデルを示す。

▶**準備物**　①風船　②ネット　③指示太鼓　④スキルの掲示（チームプレイ，あったかことばの具体例）

シンプルなルールの掲示

ルール
・おしりをゆかにつける
・つづけてさわらない

LT「今のサンキューって言葉いいよ」

AT

ATがチームに入ってセッターのように風船を振り分ける

ポジションにテープを貼る

✏おさえどころ
・はじめは，できるだけ簡単なルールにして，楽しく参加できるようにする。
・床に座るルールが定着することで，衝動的な動きがコントロールされ，場が落ち着く。
・ポジションを意識づけていくことで，チームプレイの必要性が明確になる。
・負けや失敗への不安が大きい場合，あったかことばを具体的に示したり，パスを回すモデルを見せたりして，協力することが学習のねらいであることを明確に伝える。

➡ひと工夫
・床に目印をつけたり，コートをラインで区切ったりして，ポジションを明確にする。椅子に座って行ってもよい。
・高学年には，オーバータイムズ，立ってプレイするなどルールをつけ加えていく。

| 幼　児 | 小学校低学年 | 小学校中学年 | 小学校高学年 | 中　学　校 |

No. 56 リモコンウォーク
行動調整／他者の視点に立つ

対象児　2～6人
時間　15～20分

ペアで行い，1人が目隠しでプレーヤー，1人がコントローラーになります。コントローラーは「まっすぐ3歩」や「右（左）2歩」など，言葉で裸足になったプレーヤーが雑巾を踏まないようにゴールまで導きます。また，コントローラーはしゃべらずに，肩や背中を叩いて合図を出し，プレーヤーをゴールさせるやり方もあります。

実施環境　LTが進行をする。ATは待っているときの個別な声かけをする。
準備物　①アイマスク　②濡れ雑巾（10枚程度）③その他の障害物（コーンなど）

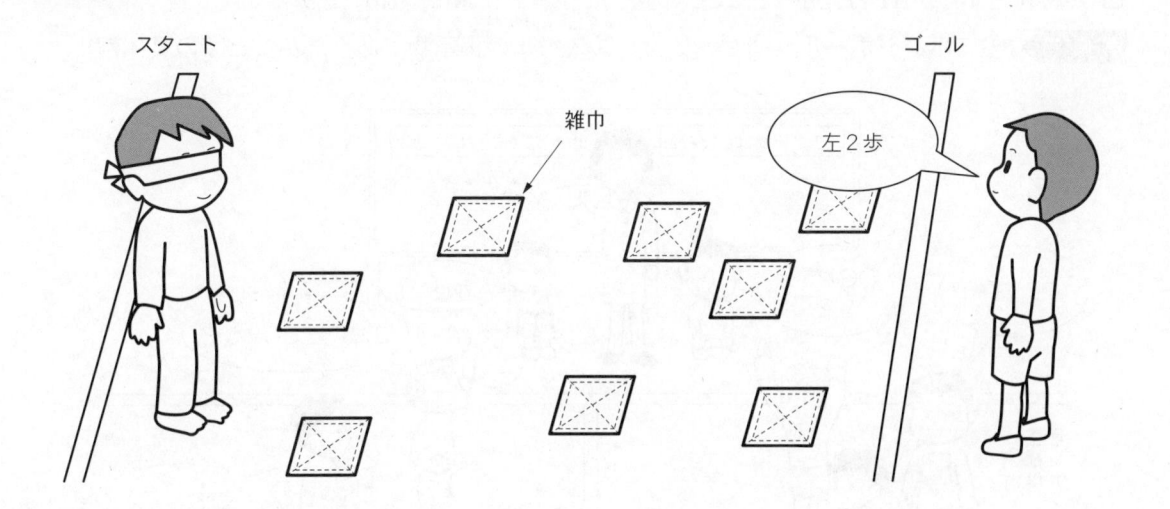

スタート　　　　雑巾　　　　ゴール
　　　　　　　　　　　　　左2歩

おさえどころ
・プレーヤーは見えていないことをコントローラーに意識させる。
・上手く伝わらず，イライラすることもあると事前に伝えておき，活動中も「伝わらないとイライラしちゃうね」「イライラ，よくおさえた」等のフィードバックをすることで，感情の認知とコントロールを促していく。各々の「心を落ち着かせる方法」を確認しておく。
・協力（コントローラー：わかりやすく伝える，プレーヤー：指示をよく聞く）しないと上手くいかないことを意識させる。
・目隠しでいつもと違う状況になったときには，右左の感覚が混乱したり，非言語の合図を忘れたりしてしまう場面があるので，あらかじめ確認する。

ひと工夫
・障害物の数を学年に合わせて工夫する。

| 幼　児 | 小学校低学年 | 小学校中学年 | 小学校高学年 | 中　学　校 |

No.57　王様ドッジボール
協力する／相手の動きに合わせる／仲間を応援する／ボールの操作

対象児　1チーム 4人程度
時間　20分程度

相手チームの王様を先に当てた方が勝ちというルールで，ドッジボールをします。コートをセンターラインで区切って，ボールを相手に投げ当てたり，取ったり，よけたりします。当たったらコートから出て，味方に声援を送る経験ができるようにします。通常のゲームではもっぱらよけるだけの児童も，王様を守ろうとボールを捕りにいったり盾となったりするなど，仲間を助ける意識が育つことが期待できます。

実施環境　1ゲーム2分×回数，作戦タイムは必要に応じて1分，振り返り1分。
LTが審判をする。ATは児童チームと対戦したり，チームに参加したりする。

準備物　①スポンジボール　②ゼッケン　③スキルの掲示物（あったかことばの具体例）

おさえどころ
・1ゲームを短時間で切り上げ，次のゲームに期待を向けることで，負けの受け入れをしやすくする。決着が長引くようなら，引き分けにして，次のゲームに進む。
・事前に「あったかことば」「チクチクことば」について指導しておく。ゲームの中で「チクチクをがまん」「あったかことばをつかう」を促していく。
・振り返りカードに，守ってくれた友だちを書いて伝え合うことで，仲間意識を高める。
・スポンジボールで取り組むと，当たったときに痛くないので安心して参加できる。

ひと工夫
・外野を設けたり，ボールの数を増やしたりすると，高学年や多人数でも楽しめる。

| 幼　児 | 小学校低学年 | 小学校中学年 | 小学校高学年 | 中学校 |

No.58 ティーボール
協力する／仲間を応援する／粗大運動／協応運動

対象児　3〜8人
時間　20〜30分

経験が少なくても，安心して参加できるように工夫したベースボール型のゲームです。バッティングティーにボールを置いて打つところからプレイを始めます。キャッチボールや試し打ちなどの基本動作や，ゲーム中の動きなどを練習してから，ゲームを始めます。
攻撃のときは，友だちを見て応援することが，大事な学習のねらいの1つです。守備のときは，役割（ポジション）がわかるように場の工夫をし，チームプレイが学べるようにします。

実施環境　LTが審判をしながら，打ち方の指導や実況アナウンスのように，よい言葉やプレイを評価する。ATはチームに入り，走塁の仕方や，守備の動き方などを指導する。また，ベンチで応援する子の指導にあたる。

準備物　①バッティングティー　②スポンジ製のボール　③太めのバット　④応援席

✎おさえどころ
・事前に「あったかことば」「チクチクことば」について指導しておく。ゲームの中で「チクチクをがまん」「あったかことばをつかう」を促していく。
・ゲーム前に，動きを練習し，心の準備を整えておく。できれば個別にリハーサルしたい。
・落ち着いて応援できるように席を設け，打順に従って横に詰めるなどのルールを決める。
・守備では，ボールの取り合いにならないように，役割を明確にする。たとえば，守備陣の中に教師が入り，「右側はB君の場所だから，それより右に行かない」と指示する。
・用具の素材が肝心。スポンジ製のボールは，当たっても安心で打つ手応えもある。
・運動に苦手意識が強かったり，初めてのことに不安を示したりして，参加できない子どもには，審判やスコアラーの役割をあたえ，参加を促す。

➡ひと工夫
・守備が難しい場合は，三角ベースにする。また，対戦相手をATチームにし，打球を加減して捕球しやすいようにする。

| 幼児 | 小学校低学年 | 小学校中学年 | 小学校高学年 | 中学校 |

No.59 リングリングボール
協力する／ルールに従う

対象児 1チーム 3人程度
時間 15分

場やルールを工夫したバスケット型のゲームです。大きなフラフープをゴールにすることでシュートをしやすくして，得点できたという成就感が得られるようにします。1チームは3人程度の少人数にし，全員シュートにボーナス得点を与えるなどとルールを工夫して，パスを回すなどの互いに助け合うプレイを引き出し，一人ひとりが生かされるようにします。

実施環境 5分程度で前後半行う，振り返り5分。
LTが審判をする。ATはチームに入ったり，子どもチームと対戦したりする。

準備物 ①ボール ②バスケットリング ③フラフープ ④スキルの掲示（チームプレイ，あったかことばの具体例） ⑤得点板 ⑥ベンチエリアの目印

（図：バスケットボードにフラフープを固定。「パスを回して」「ナイスパス」「具体的なことばを掲示する。シュートを決めたら交代する。」・ドンマイ ・ナイスパス）

✏️おさえどころ
・パス→シュートなどのゲーム中の動作を実践的に練習（リハーサル）してから行う。
・フラフープは1点，リングは2点など，自分でシュートするリングを選べるようにして，個人差があってもみんなが満足できるようにする。
・学習の初めに，「みんなが楽しめるにはどうしたらよいか」について話し合う中で，ルールに従う，パスを回す，あったかことばを使うことなどに気づくように導いていく。
・あったかことばを具体的に掲示し，意識づけていく。また，そのつど評価していく。

➡ひと工夫
・ドリブルなしのルールにすると，パスの必要性が明確になる。
・全員がシュートを決めたらボーナス得点を与えることで，仲間への援助を意識する。
・シュートを決めたらベンチのメンバーと交代するルールにすると，他の子の出番ができる。
・守りと攻めの役割を決めて動くエリアを限定すると，低中学年でも取り組める。

| 幼　児 | 小学校低学年 | 小学校中学年 | 小学校高学年 | 中　学　校 |

No.60 いろはにこんぺいとう

見通しをもつ／失敗の受け入れ／遊びの共有／ボディーイメージ

対象児　3～6人
時間　10～20分

昔遊びの1つです。2人が2本の縄を持ち，「いろはにこんぺいとう，うえしたまん中，ど～こだ？」と歌い，その縄を使っていろいろな空間をつくります。別の子は後ろ向きのまま歌が終わった時に「上！」のように，自分でくぐる場所を言い，その後振り返って，できている空間を確認します。体のどこも縄に触れないようにくぐります。この方法で，順番に取り組みます。やっている子どもも見ている子どもも一緒に楽しむことができます。

実施環境　LTは全体説明と進行，ATは縄を持ち，見ている子や取り組む子への支援を行う。
準備物　縄2本（縄跳び用の縄）

＊あそこをくぐれば大丈夫かな？

✏️おさえどころ

・遊びそのものを楽しむということをあらかじめ伝えておく。また，子ども同士で応援したり教え合ったりする雰囲気ができていくとよい。
・通る場所を自分では決められない児童には，［上］［下］［まん中］と書かれたカードを与え，選ばせる方法もある。通り方を自分で決められない場合は，［お助け］と称して，友だちにアドバイスを求めるチャンスをもうける。その際，自分の考えの押しつけや決めつけにならないようなアドバイスの言い方や受け入れの指導もする。
・自分の体が縄に触れたかどうかの気づきが困難な子どもが多い場合は，縄に鈴をつけて，気づかせる。
・空間を見ないうちに選ぶので，まったく通れないような空間を選んでしまうことがあること，努力しても体が縄に触れてしまうこともあることを，前もってシミュレーションしておくと，失敗の受け入れがよい。

➡️ひと工夫

・縄をくぐるなどの課題を，サーキット・トレーニングで取り組む。

第4章　小学生のソーシャルスキル活動

| 幼　児 | 小学校低学年 | 小学校中学年 | 小学校高学年 | 中　学　校 |

No. 61　コリントゲームを作ろう
協力する／相手の動きに合わせる／道具の操作／作業能力

対象児　4～6人
時間　45分，5回

子どもたちは，制作活動が大好きです。中でも，「コリントゲーム」は，子どもたちの多くが「作りたい」と希望します。コリントゲーム作りが人気の理由として，手順がはっきりしていること，使う道具が操作しやすいこと，完成した作品で遊べることが挙げられます。ここでは，あえて2人組で協力して，作業手順を守って，道具をこわがらず手指を動かし，徐々に作品ができあがる成就感を味わいながら学んでいきます。

準備物　①板（40cm×30cm×1cm）　②枠の板(伐採した木の枝等でも可)　③絵の具　④のこぎり　⑤かなづち　⑥きり　⑦くぎ（3cm）　⑧補助材（発泡スチロール）　⑨作業手順の掲示物

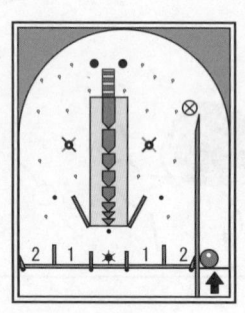

▲コリントゲーム

コリントゲームのつくりかた
1　のこぎりで台を切る
2　色を台にぬる
3　下絵をかく
4　下絵に色をぬる
5　くぎをうつ
6　ゲームで遊ぶ

✍おさえどころ
・2人組を意識させるために，前もって完成見本を見せたり，遊ばせたりすることで，2人組で協力する意欲を高める。
・制作ステップを示す。また，各ステップで使う道具の扱い方についてもていねいに練習をする（きりでの穴開け，のこぎりの使い方，釘の打ち方）。
・楽しく，不安が少なく活動が行えるように児童の道具の操作や手指の巧ち性の状態に応じて配慮をしていく。
・釘打ちをこわがる児童については，直接釘を持たないで，発泡スチロールに刺した釘の発泡スチロール部分を持って打つようにさせる。

➡ひと工夫
・できた作品で遊ぶ期間を設ける。また，感想カードを作って互いに渡す。

| 幼　児 | 小学校低学年 | 小学校中学年 | **小学校高学年** | 中　学　校 |

No. 62　のれん作り
手順に沿って動く／微細運動／手指の巧ち性／目と手の協応

対象児　1人〜
時間　10〜15分

手を使う活動は，時間がかかることが多くあります。限られたグループ指導の時間の中では，微細運動が課題ではあっても，他の課題とのバランスを考えるとどのように取り込んでいくか悩むものです。1人のものとせず，それぞれの子どもたちの活動を集めた作品とし，いろいろな指先の操作を経験していく活動です。広告紙を二等辺三角形に切り，底辺に置いた楊子を巻き込んでいき，指先で紙を丸めていく作業です。先端にのりをつけて止めます。楊子を取り出すとストロー状のパーツができます。少しずつ作りためて10本程度できたらテグス，市販のビーズなどと一緒にテグスで通して1本仕上げます。吊すための穴を開けた棒を準備しておき，個人で仕上がったのれんを1本ずつさげて，少しずつ変化していくことと完成を楽しみに共同作品としていきます。

実施環境　短い時間でのれんを1本完成。
LTが作業を実践することも大切であるが，ATが個別的に声かけをすることが有効。

準備物　①広告紙（底辺4〜5cm，高さ15cm程度の二等辺三角形）　②楊子　③のり
④テグス　⑤ビーズ　⑥吊し棒

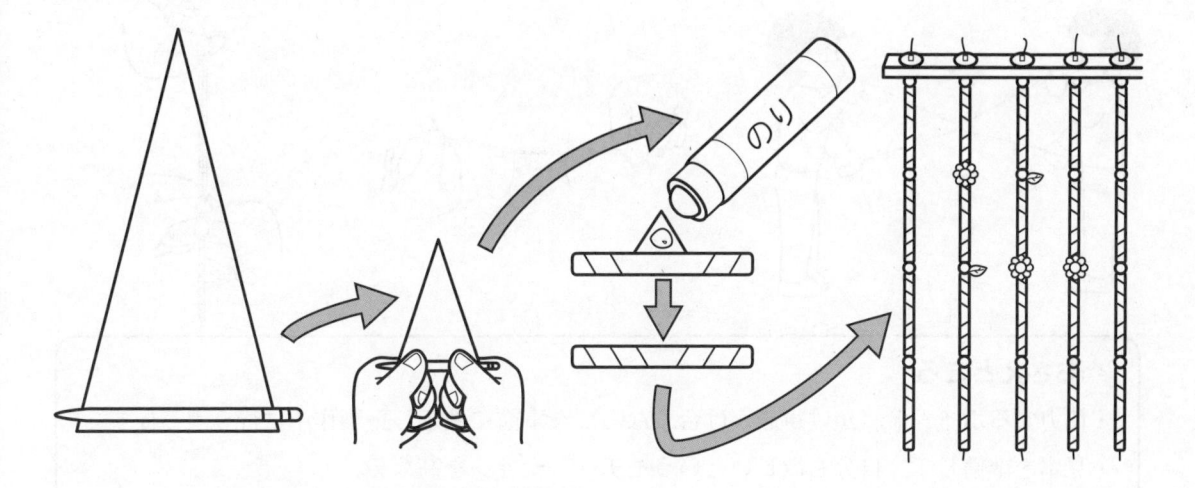

✎おさえどころ
・作業行程を視覚的に事前に提示し，今日の活動がどこまでかを意識できるようにする。
・巧ち性の能力によっては，紙の堅さ，芯となる物の太さ等の段階を追った練習が必要である。

➡ひと工夫
・のれん作りは，以前より特別支援教育の場で，粘土などを使用し，つまむ，丸める，通す等の作業内容を課題として行われてきた。巧ち性の能力によっては，上記のように紙を指先で丸める作業以前に紙粘土などの軽量の素材を使っていろいろな形を作る活動が必要だと考えられる。

| 幼児 | 小学校低学年 | 小学校中学年 | 小学校高学年 | 中学校 |

No. 63 協力ミサンガ
協力する／相手の動きに合わせる／手指の巧ち性

対象児 2人～
時間 5～10分

ミサンガは，チョッと素敵なお守り。子どもたちにとっても一度は身につけたいもの。低学年でも楽しめます。糸の本数分の人数で，協力してより合わせ，きれいなより糸を作るものです。
まず最初に，2人組で向かい合い糸を交差させそれぞれ時計回りに糸をねじります（2～3分でOK，緩めると縮まるくらい）。次に一人が両端を持ち，もう1人が真ん中をつまみ，親指と人差し指でつまんでいくと，自然とよりがかかってきます（両端はVの字になるように引っ張ってもらう）。お互いの声かけと動きの共同作業によって，楽しいもの作りを行うことができます。

実施環境 LTが作り方を指導しATと実践する。

準備物 刺繍糸，毛糸など（50cm）

①2本の糸を2人で引っ張り合う。

②2本を合わせて，時計回りにねじる。真ん中をつまんで，さらに2本を合わせる。

③両端を1人が持ち，もう1人はつまんだ真ん中部分から順次指をずらしていくだけでよりがかかる。

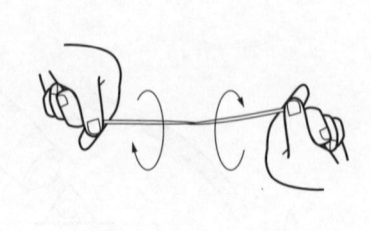

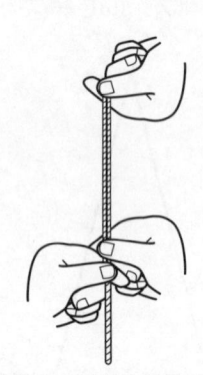

✍おさえどころ
・協力するポイント（かけ声をかけ合うなど）を事前に教示し，製作中に行うよう促す。
・見本を準備して，自分も欲しいというモチベーションを高める。
・実際に先生が協力して作ってみせる。
・子どもたちだけでできるように協力依頼や感謝の言葉，作業手順や相手への指示の言葉等のマニュアルを提示しておく。指示を伝える人（糸を選び，もらえる人）を順番にすると，お互いに助け合う感覚が体験できる。
・一定期間グループとして活動を積み重ね関係性が深まった後に行うほうが，お互いに助け合う関係や協力の楽しさを感じることができる。

➡ひと工夫
・より糸の数を多くする程，協力する人数が増えて楽しめる。
・裂いた布などを使うと手作り縄跳びなどもでき，糸の太さや素材によって作品が広がる。

| 幼　児 | 小学校低学年 | 小学校中学年 | 小学校高学年 | 中　学　校 |

No. 64　ダイアログ造形
協力する／仲間を援助する／他者の援助の受け入れ／言葉のやりとり／非言語のやりとり

対象児　2～8人
時間　30分

2人あるいは3人組になり，順番に1つの立体造形物の制作にかかわり，互いの意図を汲み取ったり，相手をサポートしたりしながら，ダンボールの端切れの造形物を作る活動です。素材は段ボールの端切れ（さまざまな大きさや形）をあらかじめ用意しておきます。それらに前もって色を塗ったり，落書きをしたりしておきます（子どもたちに準備を頼んでもよいでしょう）。ホットメルト（グルーガン）の接着剤で，順番に切れ端をつなげていき，高い塔を作っていきます。小学校高学年以上になれば，話さないことをルールにして，非言語で相手の意図や助けが必要な場面などを汲み取っていくのもよいでしょう。

実施環境　2～3人のグループが数組。事前に端切れの色塗りの準備をしておく。準備は30分程度。協力することが難しい子どもの場合は指導者とペアとなる。協力していくことを促し，そのつど評価していく。

準備物　①段ボールの端切れ　②ホットメルト（グルーガン）セット　③フェルトペン，絵の具など　④電源コード

✎おさえどころ
・活動に入る前に，この活動を成功させるためのポイントを教師のモデリング提示またはルール表で提示したりして伝える。どのように協力すればよいか見通しをもたせておく。
・協力することがこの課題の大きなねらいであるが，年齢や社会性の水準によって，具体的なねらいと子どもに提示するポイントは異なる（順番に行う，相手がつける間に端切れを支えて手伝う，相手のつけたものを補強するように端切れをつける，アドバイスを受け入れる，どのように作るか話し合う，しゃべらないで相手の意図を汲み取るなど）。

➡ひと工夫
・グループが複数ある場合は，子ども同士で他のグループの造形物に「ハイタワー(高い)で賞」「グッドデザインで賞」などと評価し合ってもよい（どの子も達成感を味わえるように）。

| 幼児 | 小学校低学年 | **小学校中学年** | 小学校高学年 | 中学校 |

No.65 調理でわいわい
話し合い／他者の視点に立つ／役割分担／社会的状況の理解

対象児　2〜6人
時間　30〜40分

調理実習は，話し合い活動のよい機会です。2〜3人に分かれ，調理の手順を1つずつ短く書いた短冊状のカード，作業に必要な道具や材料を書いたカードを，話し合いながら小黒板に貼り，手順表として完成させていきます。次に，誰がどの道具や材料を準備するのかを話し合い，「自分の名前」「各自」のカードを貼っていきます。材料は，1人分の量から，2人分あるいは3人分の量を考え材料一覧表に記入していきます。完成した手順表を他のグループのものと見比べます。異なる部分は，それぞれの理由を確認し合い，納得した事柄については，訂正していきます。調理実習は，自分たちで作った手順表に従って，リーダーの指示や説明を聞きながら行います。

実施環境　2〜3人になって話し合う。
LTは全体指導と話し合いの支援，ATはグループの話し合いの支援をする。

準備物　①手順カード　②道具・材料のカード　③児童の名前のマグネット（複数枚）
④準備する材料の量を記入する用紙

おさえどころ
・話し合い活動では，「次は〜と思うけど，どう？」「私は〜をやりたいけど，いい？」の言葉をキーワードにして行わせる。自分勝手に進めてしまう状況を改善できる。
・作ったことのあるメニューの場合は，手順をイメージできるので手順から考えさせる。初めてのメニューの場合は，手順だけは前もって黒板に貼っておき，その作業の内容から，必要な道具や材料を話し合わせる。
・前もって貼っておくカード，逆にはずしておくカードによって，考えさせたい指導内容を変化させていくことができる。

ひと工夫
・手順のカードは裏表の色を変え，両面に手順を書く。作業する時はこれから行う部分を，ひっくり返して色を変えて提示すると，準備するもの，片づけるものが明確になる。

| 幼児 | 小学校低学年 | 小学校中学年 | 小学校高学年 | 中学校 |

No.66 白玉だんご作り
協力する／言葉のやりとり／手順に沿って動く／手指の巧ち性

対象児 3～4人
時間 60分

数人で声をかけ合い，一緒に材料や用具を用意したり，順番に作業をしたりします。友だちに相談やお願いをするときの言葉かけの仕方を，事前に学習しておきます。

〈作り方〉
①材料や用具を作業台まで運び，分量を量る（分担する。正確に量る）。
②ボールに白玉粉を入れ，水を加える（相談して作業を分担する）。
③耳たぶくらいの柔らかさになるまでよくねる（順番を決め，待つ。手先の操作）。
④丸めて，真ん中を押してくぼませる（手先の操作。他の人と大きさを揃える）。
⑤ゆでる。浮いてしばらくしたら氷水の中にすくい上げる（順番を決め，作業する）。
⑥盛りつける。用具を片づける。

実施環境 手順を聞く10分，作業30分，会食20分。
LTが進行，評価をする。ATは，児童同士のやりとりの補助や安全面の配慮をする。

準備物 ①作業手順書（イラスト入り，拡大して掲示） ②材料（白玉粉，水，その他）
③用具（ボール，計量カップ，なべ，穴あきおたま，うつわ，スプーン）

☆白玉だんごの作り方

①白玉粉に水をくわえる。（少しずつ入れる。）
②手で，ねる。（耳たぶぐらいのやわらかさにする。）
③まるめる。（まん中をおしてくぼませる。）
④ゆでる。（ういて，しばらくしたら，すくう。）

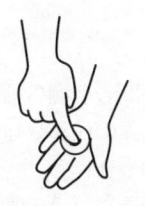

🔍おさえどころ
・作業を進める中で出てくる言葉のやりとりを事前に指導し，実際に使わせる。
　（協力するときの言葉：「一緒に～しよう」「先にやっていいよ」「ここを持って」等
　　相談するときの言葉：「～しない？」「～はどう？」等）

➡ひと工夫
・フルーツやアイスクリーム，あんこ等のトッピングについて，意見を出し合い，話し合い活動をする。
・材料の買い出しを課題にしてもよい（買い物のマナー，金銭管理）。

第4章　小学生のソーシャルスキル活動

| 幼児 | 小学校低学年 | 小学校中学年 | 小学校高学年 | 中学校 |

No.67 校外学習に行こう！
見通しをもつ／計画を立てる／公共のマナー／金銭管理

対象児　1人〜
時間　15時間

生活単元学習について
「生活単元学習」とは，「児童生徒の生活上の課題処理や問題解決のための一連の目的活動を組織的に経験することによって，自立的な生活に必要な事柄を実際的・総合的に学習するもの〔盲学校，聾学校及び養護学校学習指導要領（平成11年3月）解説〕」であり，知的障害教育の主要な指導形態の1つです（領域・教科を合わせた指導）。

　社会性に困難がある発達障害の子どもたちには，社会生活に必要な事柄・活動を単元としてまとめ（生活課題単元），生活単元学習の考え方に基づいて指導プログラムを作成することにより，子どもたちの生活上必要な実際的・実践的な活動となります。モチベーションを高めることができ，またスキルの般化にもつながりやすいという点で非常に有効な手立てです。

◆ ◆ ◆

　校外学習に関する一連の学習では，校外学習へ行くという大きな目標を設定することで，そのために必要な課題処理や問題解決に意欲的に取り組むことができます。また，事前事後学習を通して，社会性や言語・コミュニケーション等のさまざまな内容を実践的，総合的に学習します。ロールプレイングや〇〇ごっことして「公共交通機関の利用の仕方」「公共の場でのマナー」「金銭管理」について扱い，校外学習当日にはその学んだことを実践することで，日常生活への般化を目指すことができます。

◆事前学習として……
・目的地を決め，費用や交通機関等を調べる。
・校外学習の費用を貯金する（家の仕事をして，計画的に少しずつお金を貯める）。
・行程，持ち物等を考え，しおりを作る。
・ロールプレイングを行う（電車やバスの利用の仕方，レストランやファーストフード店の利用の仕方，コンビニエンスストアでの買い物の仕方，こんなときどうしよう，等）。

◆事後学習として……
・当日を振り返り，作文や絵日記などを書く。

実施環境　指導者の人数×1〜1.5（人）で計15時間程度（当日6時間）行う。
LTが進行，ATは児童補助やロールプレイングの登場人物役等を行う。

準備物　①目的地関係資料　②電車やバスの時刻表　③しおりフォーマット　④ロールプレイングセット　⑤作文・絵日記用紙等

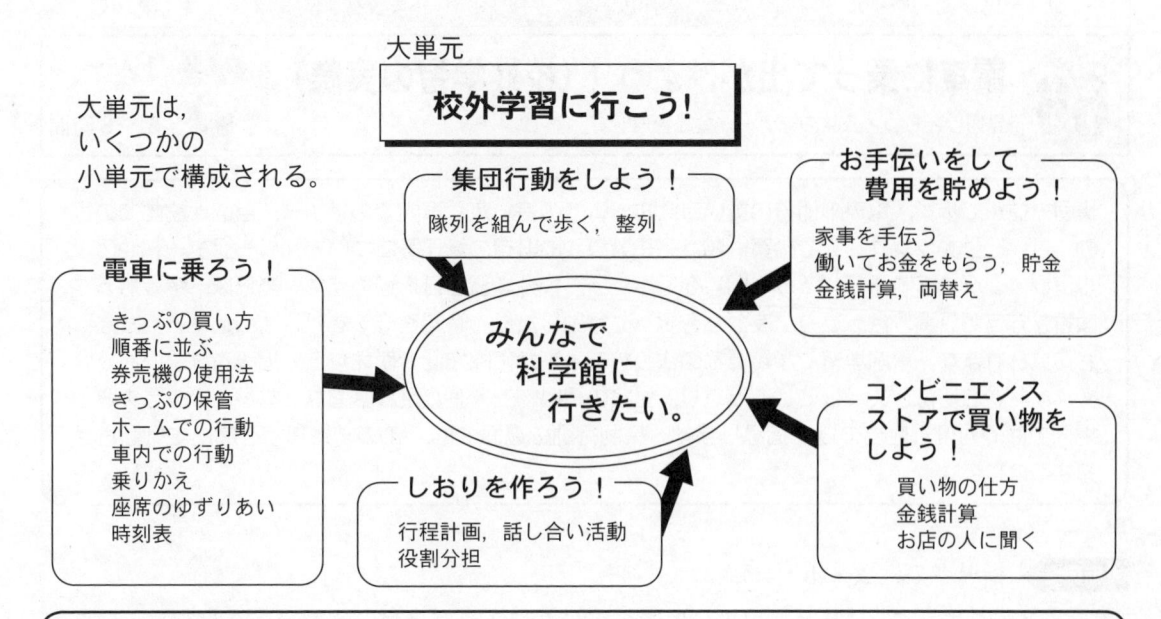

大単元は，
いくつかの
小単元で構成される。

大単元
校外学習に行こう！

- 集団行動をしよう！
  隊列を組んで歩く，整列

- お手伝いをして
  費用を貯めよう！
  家事を手伝う
  働いてお金をもらう，貯金
  金銭計算，両替え

- 電車に乗ろう！
  きっぷの買い方
  順番に並ぶ
  券売機の使用法
  きっぷの保管
  ホームでの行動
  車内での行動
  乗りかえ
  座席のゆずりあい
  時刻表

  みんなで
  科学館に
  行きたい。

- コンビニエンス
  ストアで買い物を
  しよう！
  買い物の仕方
  金銭計算
  お店の人に聞く

- しおりを作ろう！
  行程計画，話し合い活動
  役割分担

✎おさえどころ

- ロールプレイングでは，券売機や車内，レストランやコンビニ店内に似せたセット・模型を作り，AT が店員や他の客役を演じ，実際場面で使えるスキルの獲得を目指す。
- 校外学習当日に予想されるトラブルやアクシデントへの対処法として，「こんなときどうしよう」という課題を事前学習で行う（切符をなくしてしまったとき，お金を落としたり使い過ぎてしまったりしたとき，車内が空いて／混んでいるとき，マナー違反をしている大人を見かけたとき，知らない人に話しかけられたとき等）。
- 費用の貯金では，お小遣い帳をつけさせる。当日までの期間を考え，1週間でいくらずつ稼がないとならないか計算し，家の人に交渉して計画的に仕事をさせる。
- 指導者の役割分担を明確にする。原則として，LT の一斉指示により集団行動をとる。AT は，LT の指示があった場合や安全上危険な場合，個別の指導が必要だと判断した場合に援助・指導を行う。

➡ひと工夫

- 高学年なら，目的地の候補地を複数用意し，自分の行きたいところについて調べさせる。目的地でできること，交通費や入館料等の費用，往復にかかる時間等について，電話で問い合わせたり，インターネット等で調べたりしたことを他の人にアピールし，話し合いで目的地を決定させる。
- 「貯金箱作り」を行う。校外学習の費用を貯めるためということで，意欲的に取り組める。素材としては，お金を入れる音が響いて聞こえる「ビン」や「カン」がよい。紙粘土を周りにつけ色を塗ったり，布を巻いたり，シール折り紙をパンチで型抜きして貼ったりして，オリジナルの貯金箱を作る。

| 幼　児 | 小学校低学年 | 小学校中学年 | **小学校高学年** | 中　学　校 |

No. 68　電車に乗って出かけよう！（校外学習の実際）
見通しをもつ／公共のマナー／金銭管理

対象児　1人〜
時間　5〜6時間

集団で並んで歩く，電車の切符の買い方，ホームでの待ち方や車内でのマナー，目的地館内での行動，コンビニエンスストアでの買い物，金銭計算やお財布の管理等について，ワークシートやロールプレイングで事前学習（7〜8回）を行った後，校外学習当日を迎えます。当日は，張り切って順番を守ったり譲り合ったり，友だちを誘って行動したり，時間を守ったりしようとする姿がたくさん見られます。事前学習で学んだこのようなスキルが実際場面で使えたら，指導者は思いきりほめます。逆に切符を失くしてしまったり，昼食の買い物でお金が足りなくなったりといった失敗の場面では，対処法をその場で指導します。集団行動の場面では，LTの一斉指示を聞いて行動させるようにします。

実施環境　指導者の人数×1〜1.5人。
LTが全体指示をする。ATは，担当の児童の行動をできるだけ見逃さないように努め，随時評価し，児童が困っている時にはLTに相談をしに行くように促す。

準備物　①校外学習のしおり　②普段使用している財布　③VTRカメラ　④計算機など

校外学習の予定表

時刻	予定	時刻	予定	時刻	予定	時刻	予定
9：00	までに登校	10：45	〇〇駅着（トイレ）	11：40	科学館着　集合写真撮影	14：05	科学館出発
9：05	朝の会	10：55	コンビニエンスストア着　買い物（お弁当・おやつ650円以内）	11：50	自由行動　☆ペアで行動する	14：20	〇〇駅着（きっぷ）
9：25	〇〇出発			12：50	エントランスに研修室へ	14：40	△△線〇〇行乗車
9：40	〇〇駅着（きっぷ）			13：00	お弁当	15：10	〇〇駅着
10：00	△△駅着　のりかえ			13：50	エントランスに集合（トイレ）	15：25	〇〇小着
10：20	口口線××行乗車	11：25	コンビニエンスストア出発			15：30	帰りの会
						15：40	下校

✎おさえどころ
・LTは，事前学習の内容やめあてを思い出せるような指示の出し方をする。話が長くならないようにするためには，合言葉（評価の観点）を決めておくとよい。
・失敗も学習の絶好の機会と考え，ATは補助しすぎないこと。多少の失敗ならば失敗させ，一般的な対処法を指示し，補助しながらやらせてみること。
・ビデオカメラで様子を撮っておくと事後指導や次回の事前指導で振り返りができる。
・事前の実地踏査は必ず行い，コンビニエンスストア等にも協力をお願いしておく。

ひと工夫
・コンビニエンスストアでお弁当を買うのではなく，ファーストフード店を利用してみる。また，電車だけでなく，バスを利用してみる等。

| 幼　児 | 小学校低学年 | 小学校中学年 | **小学校高学年** | 中　学　校 |

No.69 買い物に行こう
話し合い／計画を立てる／役割分担／買い物のマナー／他者の視点に立つ

対象児　高学年全員
時間　60～80分

> 6年生を送る会，お楽しみ会，会食会などを行うためのお菓子や飲み物を買い出しに行きます。前もって参加者の好みや苦手なものをリサーチします。何をどれだけ買えばいいのかを考え買い物の分担をします。出かける前に，持ち物の点検，スーパーでのマナー，困ったときの対処の方法を確認してから，1人ずつ出かけます。場所がわからない児童は，地図を見ながら歩きます。買うときは，日付や数を確認したり，分けることが可能かどうかを判断しながら行います。買い物から戻ったら，買ったもの，残高の確認をし，冷蔵庫にしまう必要のあるものをしまいましょう。

実施環境　LTは全体の指導，ATはスーパーまでの安全管理や店内での児童支援のため2人以上は必要。

準備物　①アンケート用紙（好きなものの調査用）　②買い物のメモ　③財布　④現金　⑤スーパーまでの地図　⑥提示用買い物のマナー　⑦困った時の対応

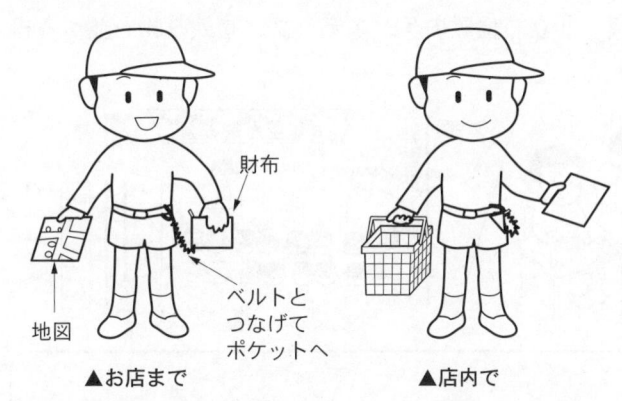

▲お店まで　　▲店内で

地図／財布／ベルトとつなげてポケットへ

＊財布は，防犯上の理由や引っかかるなどの危険防止のため首からぶら下げない。ベルトなどに結んで，ポケットに入れる。

【店内でのマナー】
・歩く
・ぶつからない
・小さい声で
・品物はそっと触る
・見つからないとき
　「すみません。～はどこですか？」

【レジでのマナー】
・並ぶ
・「お願いします」
・おつりを受け取る
・財布にしまう
・「ありがとうございました」

✐おさえどころ

・コーナーの表示に着目させる。むやみに歩きまわるより，要領よく探せることに気づかせる。
・目の前のものにだけ注意が向きがちなので，周囲にも注意を向けさせる。
・買い物が終わったら集合する場所を決めておく。
・スーパーの責任者には，事前に買い物学習をすることを伝え，許可を得ておく。
・スーパーまでの道順には，安全確保のためのATを配置する。

➡ひと工夫

この学習の前段階の学習として，「No.24　買い物ごっこ」がある。地図の見方も事前に指導しておく。

第4章　小学生のソーシャルスキル活動

| 幼児 | 小学校低学年 | **小学校中学年** | 小学校高学年 | 中学校 |

No.70 6年生を送る会をしよう
話し合い／計画を立てる／役割分担／集団参加

対象児	中・高学年 全員
時間	5時間20分

6年生を送る会を行います。「司会」などの会進行上に必要な係や「プログラム作成」「飾りの作成」などの準備作業の係分担を話し合って決めます。お菓子や飲み物は，アンケート調査をして6年生の好みを優先して決定します。決まったものを買いに出かけます。お菓子は，人数分に分けて，袋詰めをします。プログラムには個人の出し物もあり「出し物をするかどうかの自己決定，準備，練習」を計画的に行います。当日は，「自分の役割をやりきる」「先生の助言や補助を受け入れる」「友だちの失敗を，笑ったり，怒ったりしない」などのねらいをもって実施します。

実施環境 話し合い：20分，準備：3時間，活動：2時間。
LTは指導と司会進行を行い，ATは児童の支援を行う。

準備物 ①司会者原稿 ②始めの言葉・終わりの言葉原稿 ③プログラム用模造紙 ④会場用飾り ⑤出し物（個人で用意） ⑥ゲーム（全員で行うもの） ⑦おやつ用ビニール袋 ⑧コップ ⑨児童用椅子（人数分） ⑩黒板 ⑪立ち位置のケンステップ ⑫飲み物を並べる机 ⑬ゴミ箱 ⑭色紙

✎おさえどころ

- 児童が決める部分と，指導者が決める部分とを分けて取り組ませる。必要な係の数や作業の内容は，児童の実態に合わせて，指導者のほうで決めておく。
- 児童の出し物の決定には，準備物や練習，成功の可否に無理がないかどうか必ず指導者が相談に乗り，調整していく。
- プログラムは，内容の数分の短冊を用意し，分担して書かせる。書き間違ってもやり直しが可能のため，児童は安心して取り組む。書いたものは，1枚の模造紙に貼っていく。
- 飾りの作成や，ゲームで使用する道具などは，手順を示し，どういうものがいくつ必要なのか見通しをもたせて，グループの中で流れ作業として行う。
- 袋詰めは，作業する際，何をどこにおくとやりやすいかの場所の設定，数の確認，品物の扱い方などを指導する。

➡ひと工夫

- 買い物の取り組みについては，「No.24 買い物ごっこ」を参照。

| 幼　児 | 小学校低学年 | 小学校中学年 | **小学校高学年** | 中　学　校 |

No. 71　秋まつりをしよう
役割遂行／社会的問題解決／就労への意識

対象児　5～15人
時間　40分

秋まつりで自分の働きたい店の店員になります。児童は，前もって決めておいた店の店長（AT）に「働かせてほしい」と願い出ます。店員は店長から仕事を教わり，店員として働きます。お客とのお金のやり取り，お客への説明，注文取り，お客の呼び込み，店の掃除，使った道具の片づけなどの店長から任された仕事は責任をもって行います。また，お客が「もう少し安くしてください」と言う等，接客パターンにない問題が起こったときの対応についても学びます。

実施環境　グループ合同，低学年はお客，高学年は店員となる。
LTは全体説明と児童の行動観察を行い，ATは店長になる。

準備物　喫茶店の場合。①店の道具，材料　②看板　③つり銭，料金入れ　④メニュー　⑤オーダー表　⑥仕事の手順表　⑦オーダーの取り方基本パターン表　⑧店員の服（エプロン，バンダナ）　⑨給料（お金ではなく，お店利用券）

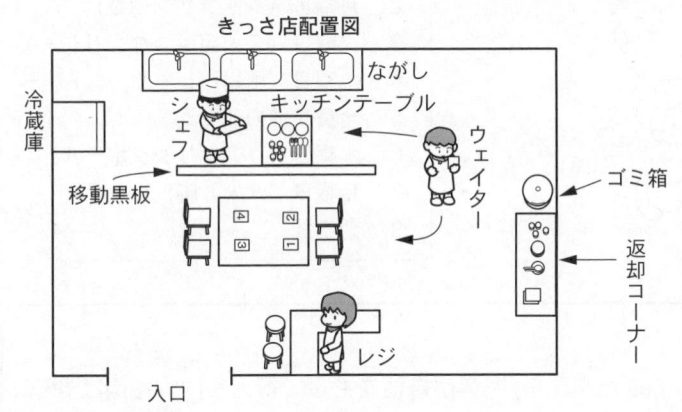

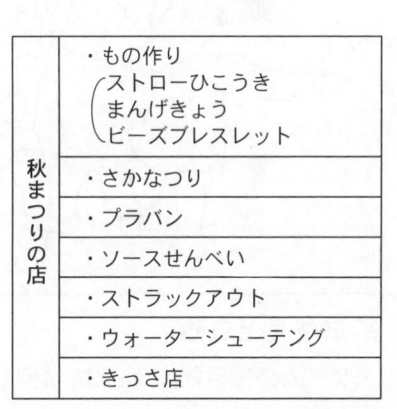

きっさ店配置図

秋まつりの店
・もの作り 　ストローひこうき 　まんげきょう 　ビーズブレスレット
・さかなつり
・プラバン
・ソースせんべい
・ストラックアウト
・ウォーターシューテング
・きっさ店

✎おさえどころ
・働くということが意識できるように，「～をやらせてください」「ありがとうございました」と挨拶をさせる。店員の働きに対して店長（AT）は給料（お店利用券）を手渡す。責任をもって仕事ができたかだけでなく，ものづくりやゲームなどでお客を励ますなど，相手の気持ちを考えた働きかけができたかなども評価する。
・仕事の手順やお客とのやり取りは，カードで提示し見て確認できるようにしておく。
・LTが「先にやらせて」などの接客パターンにない場面を意図的につくり，対応を考えさせる。「おまけをする」「ルールを変える」などは勝手に判断せず店長に相談させる。

➡ひと工夫
・「秋まつり」の店の準備なども事前学習として取り組む。喫茶店に出すメニューは近くのスーパーに行って調べ，話し合って決める。必要な分量を考え，分担して買い物をする。

| 幼児 | 小学校低学年 | 小学校中学年 | 小学校高学年 | **中学校** |

No. 72　学習発表会（スポーツ大会）
集団参加／役割遂行／協力する／仲間を応援する

対象児　複数のグループ
時間　90分

複数のグループで集まり，これまで学習した運動の発表会を行うことによって，学校行事への参加意欲を高めていきます。グループごとにゲームの内容を相談したり，役割を分担したりして当日のプログラムを考えます。実施に当たって，種目ごとにやり方やルールの説明，対抗する他のグループや保護者・関係者の参加人数を決めていきます。また，大きな集団の中で司会係，説明係，応援係などの役割遂行を行う中で，参加意欲の向上とマナー，そして自信を身につけていくことができます。

実施環境　保護者・関係者なども参加して行う。
準備物　①ラジカセ　②ラジオ体操のテープ　③集団行動のルールの表　④準備，片づけの役割表　⑤曜日の種目で使う用具

― プログラム ―
1　開会式・ラジオ体操
2　月曜日（ジャンケン列車）
3　火曜日（2人組手つなぎリレー）
4　水曜日（風船バレーボール）
5　全員参加のゲーム
6　木曜日（リングリングボール）
7　金曜日（3人4脚）
8　閉会式

✎おさえどころ
・ゲームの種目は，これまで学習してきた中から，児童が自信をもって行える内容を選ばせる。
・ゲームの勝敗に固執することがないよう，チームでの協力やルールを守ること（集合，演技，応援）を事前に確認しておき，当日にできるように指導しておく。
・全体種目，グループ，曜日ごとの種目や競技ルール，子どもの役割などは，表にしておき，視覚的に理解できるようにしておく。
・グループでの分担（司会係，応援係，プログラム係，椅子係，音楽係，ゼッケン係，準備係など）は，学年に応じて，一人ひとりが役割分担と発表の機会をもてるようにする。

➡ひと工夫
・初対面となる保護者・関係者もいるので，参加者全員の名札を作る。
・MVP賞，がんばり賞，なかよし賞，応援賞などをつくって表彰する。その際に，子ども同士の人間関係や相互関係をみて，子ども同士で投票するなどして仲間を評価していくことも行っていくとよいだろう。
・「4人組手つなぎリレー」などのように，人数を増やして実施してもよい。

第5章 中学生のソーシャルスキル活動

1 個人差が大きい

中学生の段階で抽出の小集団指導を受ける機会は大変限られた状況といえるかもしれない。通級指導や療育機関のほか，学校の中でもさまざまな可能性を追求して，ソーシャルスキルの活動に取り組める場面をつくっていきたい。

対象となる中学生の個人差はとても大きいと予想される。年齢の小さい時期から発達障害の課題が明らかになり，何らかの支援を受けてきたケースもあれば，中学生になってから，不適応の状態になり，何らかの支援を受けるようになったケースもある。そこでは，問題に対する自覚の度合いは大きく異なり，自己理解についてもさまざまで，ソーシャルスキル指導を受けること自体についても動機のレベルは異なる。こうした状況にあっては，初めに「活動」ありきでは進められない。一人ひとりのねらいを明確に押さえ，それらを，その活動の中にどう当てはめていくかの計画が不可欠である。細かい指導計画を作らねばならないということでなく，それぞれの中学生が，納得してその活動に参加し，楽しめるような動機づけが必要である。

2 経験を増やす

発達障害を抱えて成長する過程で，さまざまな面で経験の不足が感じられる。社会性の弱さが失敗体験を生み，自信を失い，消極的になり，さらに経験不足になるという悪循環になっている。そこで，中学生の段階であっても，ていねいに経験を重ねさせる指導も必要となってくる。本書で紹介している活動事例も，本質的に小学校対象の活動とあまり違わないものもある。般化すべき中学生の社会の現実からみれば差は大きいかもしれないが，人とのやりとりをきちんと経験させ，長い見通しのもとスモールステップで力を伸ばしていく構えが必要である。

3 進路選択と自己理解

中学校卒業時の進路選択は，自己選択，自己決定が求められる初めての大きな機会になりうる。自己の生活を振り返る活動，目標を立てる活動，卒業生とのかかわりなどを本書で紹介しているが，そうした活動を通して，自分のことについて自分で考える意識をもたせたい。また，進路選択に当たって関係者の支援を受け，ともに考える姿勢がもてるように，ソーシャルスキル指導の場面でも，助言を受け入れ，しっかりと自己決定する形を学ばせたい。

4 自己肯定感

発達障害があると，周りとのやりとりのいろいろな場面で自己評価を下げてしまうことを経験しやすい。ソーシャルスキル指導の場面で，自己コントロールをきちんとして，その場その場の課題をきちんとやり遂げることで成就感を得，小さな積み重ねではあるが，自己評価を上げて自己肯定感を高めていきたい。般化という視点では，なかなか難しい現実ではあるが，取り出し指導での積み重ねが，長期的には大きな意味をもつものだと信じて取り組んでいきたい。

| 幼児 | 小学校低学年 | 小学校中学年 | **小学校高学年** | 中学校 |

No.73 カードミーティング
話し合い／社会的状況の理解／役割遂行

対象児 3〜5人
時間 20〜50分

紙を切り分けて作った白紙のカードに，動物名，品名などの同じジャンルの言葉を書き込み，各自8〜10枚のカードを作ります。各自が順不同にカードを出し，出されたいくつかの言葉の中で，どれが1番大きいとか，1番かわいいとか，決められたテーマについての答えを話し合って決めていきます。話し合いの進行係は，みんなの意見を聞き，状況に合ったやり方で結論を出していきます。

実施環境 進行係の補助をする。必要に応じて活動を止め，子どもの活動に対して評価やアドバイスをする。

準備物 ①紙もしくは名刺大のカード ②筆記用具

（イラスト：子どもたちがテーブルを囲んでカードを出し合っている。「Q.飼うとしたら？」「Q.かわいいのは？」）

✍おさえどころ
・選択肢の確認，絞り込み，考えるポイントの整理，結論の確認など，話を進める手順を明確に示して進行させる。話し合うまでもなく結論が出るような内容の時は，手順を省略して進める状況判断をさせる。
・一参加者として話に加わることができるレベルから，進行役として柔軟にまとめることができるレベルまで，実態に応じて，個別の配慮をする。

➡ひと工夫
・紙を切り分け，言葉を考えて書き込む作業から始めたり，できあがったカードを利用したり，時間や実態に応じて活動の全体をつくる。
・カードに番号や記号をつけると，進行の時工夫しやすい。

| 幼　児 | 小学校低学年 | 小学校中学年 | 小学校高学年 | 中　学　校 |

No.74 質問探偵ゲーム
質問する／応答する／質問・応答のルール／推論する

対象児　5～6人
時間　10～20分

質問者は探偵になり，出題者の考えたものについて，推理するゲームです。出題者を決めます。出題は何でもよいので，単語を1つ思い描き，他の生徒はそれを当てます。順番に質問をし，出題者はそれに答えます。その回答で答えがわかれば，言い当てます。わからない時は次の質問者に回ります。他者の質問で答えがわかっても，自分の順番でなければ答えられません。質問は，「それは，いつ使いますか？」「それはどこで使いますか？」「それは誰が使いますか？」「それはどこにありますか？」等を想定させます。順番を決めて出題します。

実施環境 ▶ LTもATも一緒に入ってゲームをする。

（パンダ）
A.1 使うものではありません
A.2 中国にいます
そうです
Q.1 いつ使いますか？
Q.2 どこにありますか？
Q.3 もしかして白黒模様ですか？

✏おさえどころ

・出題者が言ったこと（回答）に十分に耳を傾け，推理するように促す。

・はじめはルールをわからせるために，LTが出題，ATが質問をするところから入るとよい。

・子どものイマジネーションや質問・応答のやりとりの力に応じて，出題を「動物」「文房具」などと限定したり，限定しないで自由に考えさせたりなど，設定を調整する。

・「それは生きていますか？」「それは植物ですか？」などの当たり前のことについて質問が出るように促していく。

| 幼児 | 小学校低学年 | 小学校中学年 | 小学校高学年 | 中学校 |

No.75 感情マップ・感情さいころトーク
感情語の理解／感情の認知／感情の表現／心の理論

対象児　2～6人
時間　30分

感情を表す言葉は抽象的であり，発達障害のある児童生徒にはそれらの言葉を理解することが難しい人もいます。感情のコントロールの指導には，「感情語の理解」「感情の自己認知」「感情への対処」といった3つの段階があります。ここでは，みんなで話し合いながら，たくさんの種類の感情語をハートの切り抜きに書き，似ているものを近くにおき，かけ離れているものを離してみるなどして感情マップを作ります。感情マップで概念的に学んだ後，代表的な感情を6面に配置して，感情さいころを作り，さいころトークをしていきます（出た目の感情を経験したときのことを話す）。気持ちを表現し，それを周りから受け入れてもらえるということの心地よさを味わわせることもねらいとなります。

実施環境　感情マップ15分，さいころトーク15分。
LTは全体の統括，話し合いの調整。ATは子どもと一緒に意見を出し合う。

準備物　①ハートの切り抜き（10cm程度）30枚　②マーカー（さまざまな色）　③大きめのさいころ（2～3枚ハートを貼れるような大きさ）

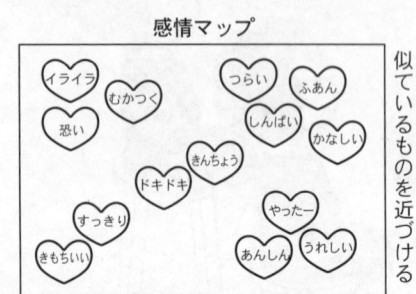

感情マップ

イライラ／むかつく／恐い／つらい／ふあん／しんぱい／かなしい／きんちょう／ドキドキ／すっきり／やったー／あんしん／うれしい／きもちいい

似ているものを近づける

「ドキドキしたことは，先週ピアノの発表会でみんなの前で演奏したことです。」

✍おさえどころ

- 感情マップや感情さいころは，見本を絵に描いて事前に示しておく。
- 話し合いでは，子ども同士で他者の意見を否定したり，正反対の意見を出したりすることも予想されるが，他者の意見については尊重するように促していく。
- 感情語ではないもの（ためいき，逃げたくなる，どひゃ～等）を提案した場合でも，「それは感情語に似ているから，一応大丈夫にしよう」「それって，～（感情語）ということかな」などと尊重する。
- また，感情語同士の距離で混乱したり，意見が対立したりする場合は，「だいたいで大丈夫よ」「厳密に分けられないから，なんとなくね」と柔軟に考えられるように促す。

➡ひと工夫

- 『特別支援教育［実践］ソーシャルスキルマニュアル』（上野・岡田，2006）には，他の感情のプログラムが詳しく掲載されているので参考のこと。

| 幼　児 | 小学校低学年 | 小学校中学年 | 小学校高学年 | 中　学　校 |

No.76 だれの話だ？
他者の視点に立つ／仲間のことを知る

対象児　6〜8人
時間　30〜40分

設定したテーマ（夏休みの思い出など）についてワークシートに記入してもらい，指導者に提出します。全員が書き終えたら，名前を言わずに内容のみを発表し，誰が書いたものかを推測させます。「正解しなくて当然」という雰囲気のもとで，正解することにこだわらず，他の仲間の思い出や出来事を聞いて楽しみながら，他者の視点に立って考えることを経験していきます。

実施環境　事前教示5分，活動20〜30分，振り返り5分。
LTは前に出てワークシートの内容を発表する。ATは推測することが難しい子どもをサポートする。

準備物　①ワークシート　②ワークシートを提出する箱　③推測した人の名前を書く紙
④エピソードの概要を書く紙（必要に応じて前に貼る）

（吹き出し）夏休みに〇〇君と鉄道博物館に行きました。さぁこれは誰の話でしょう。
（吹き出し）電車といったら××君だろう。
（吹き出し）①鉄道博物館に行った。
（吹き出し）ええ，誰だろう〜？

✎おさえどころ
・「他の仲間の興味を共有できている」など，仲間関係がある程度構築されてから実施する。
・例として，はじめに指導者の中の1人のエピソードを発表し，練習する。エピソードから誰が書いたものか推測しやすい例を出し，他者について推測することを意識づける。
・指導者も含めて実施し，途中でわかりやすいエピソードを入れてメリハリをつける。
・仲間関係が十分に構築されていれば，どんな理由でその人だと思ったかを聞いてみて，どのような印象をもたれているかを知る機会としてもよい。
・正解しなくても当然という雰囲気をつくり，正解しなくても楽しめるようにする。

➡ひと工夫
・他者の属性や考えについて推測する経験を重ね，次の段階として『他者の感情を推測する』指導へとつなげていく。
・小学生に実施する場合には，"超能力コンテスト"などのタイトルにし，誰の話かを推測することではなく，『仲間のことを知る』『他者の話に注目する』ということを主なねらいとしてもよい。

| 幼児 | 小学校低学年 | 小学校中学年 | 小学校高学年 | 中学校 |

No. 77 回転描画
心の理論／こだわりへの対処

対象児 2〜10人
時間 20分

自分の世界と相手の世界を行ったりきたりしながら，協力してそれぞれの絵を描いていく課題です。円状に切り抜かれた画用紙に線を引いて中心から二等分し，ペアで割り当てます。それぞれ自分の描きたい世界を考え，画用紙の半円に文字で記述します（例えば，「機械の世界」）。指導者のスタートの合図で，自分の半円スペースに自分のテーマの絵を描いていきます。1分が経過したら，指導者は「交代！！」の合図を出し，円盤画用紙を半回転させます。そして，相手の世界の絵の続きを描きます。また，1〜3分経過したら，自分の世界に戻って絵を描きます。半回転を4〜5回程度行い，協力して円盤画用紙に自分と相手の2つの世界を作り上げます。

実施環境 LTは全体説明と時間管理を行う。

準備物 ①円盤状の画用紙（直径30〜45cm程度）　②色鉛筆（ペア数）　③時計またはストップウォッチ　④ルール表（上手に協力するためのポイント）

交代して!!
今度は相手の世界を手伝うよ!!

【上手に協力するためのポイント】
①相手の描いたものをよく見る
②描いてもらいたいものを聞いてみる
③相手の描いたものは受け入れる（手伝ってもらったから文句は言わない）

✎おさえどころ

・あらかじめ指導者が描いた見本の描画を紹介し，どのような活動なのか見通しをもたせる。また，この活動の留意点やねらいについてもルール表を示して教示する。
・子どもによっては自分の世界（テーマ）が思いつかないこともあるので，あらかじめ選択肢を設けておき，そこから選んでもよいことにする（考えるヒントにもなる）。
・活動のしめくくりに，具体的に「協力できた」や「仲間のことを考えられたこと」などについてフィードバックする。仲間同士でフィードバックし合ってもよい。日常の人間関係における，これらのスキルの意義についても教示する。

➡ひと工夫

・絵が苦手な子どもが多い場合は，絵を描くことの代わりにコラージュ（雑誌の切り抜き）を貼って作品を作ることでもよいだろう。
・相手に合せることができる子どもが多い場合は，円盤画用紙を三等分して，3人で3つの世界を作り上げてもよい。

| 幼　児 | 小学校低学年 | 小学校中学年 | 小学校高学年 | 中　学　校 |

No.78 ブラインドウォーク
他者の視点に立つ／心の理論／対人的信頼感

対象児　4～10人
時間　35～40分

2人組のペアになり，1人が目隠しをし，もう1人が声だけで動く方向を指示し，ゴールを目指します。ゴールできたら帰り道は役割を交換します。コースは教室や廊下などのさまざまな場所を使います。相手は目が見えない状態なので，指示を出す方には相手の立場で指示を出すことが求められ，他者の視点に立つことが学べます。また，感想を言い合うことで人によって感じ方が違うことを理解する機会になります。

実施環境　事前教示10分，活動20～25分，振り返り5分。
LTは教示をし，ATが見本を見せる。活動中はそれぞれのペアに指導者がつき，安全に注意しながら行う。

準備物　目隠し（アイマスクやバンダナなど）

（大丈夫かな……）　（もう少し真っ直ぐだよ。）　（もう少しってどのくらいかな？）　LT

✎おさえどころ
・事前に指導者が指示の出し方の悪い見本を見せ，どこが悪いかを考えてもらう。その上で相手のことを考えないで指示を出すと相手がどのような気持ちになるかを教示し，相手の立場に立って誘導することを強調する。
・実施する前には具体的な声のかけ方を教示し，どういったときに声をかける必要があるのかをあらかじめ理解させておく。
・活動中は指導者が指示を出す人によい点と悪い点をそのつどフィードバックし，誘導の仕方を考えられるようにする。誘導が上手くいかない場合には，プロンプトを出す。
・振り返りではペアで感想を言い合い，相手がどんな気持ちだったかを聞く機会をつくる。

◯ひと工夫
・相手の視点に立って考える指導の導入課題とするとよい。
・声だけでの誘導が難しければ，手を引いて誘導してもよい。
・コースの途中にポイントを設置し，課題やクイズなどを用意して楽しんでもよい。

| 幼　児 | 小学校低学年 | 小学校中学年 | 小学校高学年 | 中　学　校 |

No.79 国旗ビンゴ
役割遂行／情報の伝達／情報の聞き取り／流れに沿って動く

対象児　5〜15人
時間　20〜30分

多くの子どもたちがおおよそのルールを知っているビンゴゲームを基本とし，参加メンバーはビンゴカードを作り，進行係は国旗カードを引く，国名を調べて発表したり，書き出したりするなどの役割活動を豊富に盛り込む。国旗の図柄を言葉で説明して伝える，聞きとって国旗から国名を探す，発表された国名を聞いて自分のカードをチェックするなど，集団活動の流れの中でさまざまな言葉の伝達が必要となる。

実施環境　ゲーム準備：各自が一覧表から国名を選んで記入し，自分のビンゴカードを作る。進行係は，国名発表までの手順を練習しておく。

ゲーム：進行係は国旗カードを引き，その図柄からどこの国か調べて発表する。口頭発表し，別の係が書き出していくとわかりやすい。参加者は自分のカードと照合しビンゴゲームを進める。

準備物　①国旗カード（30〜60ヶ国）　②国旗国名対照表　③国名一覧表（①の国と対応）
④ビンゴカード（16 or 25マス）

✎おさえどころ
・大きめの集団でビンゴゲームを楽しむ雰囲気をつくりながらも，進行係のときには言葉の伝達をあわてずにていねいに行う。係でないものも，そのやりとりを聞いたり，加わったりできるようにし，言葉のやりとりを楽しめるようにもっていきたい。

➡ひと工夫
・ビンゴは，学級全体などの大きい集団での集会活動などで取り組むが，進行係の国名発表までの手順の練習だけを伝達ゲーム的に展開することもできる。さらに，地理的な情報を取り入れた内容にふくらませたり，国旗でなく都道府県のマークを利用することもできる。

| 幼児 | 小学校低学年 | 小学校中学年 | 小学校高学年 | **中学校** |

No. 80　作ってスゴロク
話し合い／折り合いをつける

対象児　2～5人
時間　50分程度

スタート，ゴール以外は空欄のスゴロクを用意し，交代で空欄を埋め，実際に遊びます。生徒の案の趣旨を尊重し，判りにくい指示の場合は，LTが言い換えるなどのフォローを行います。あらかじめ，空欄に入れたい内容を別紙に書かせ，順番に発表させ，参加者で話し合って適切なものを採用する方法もあります。

実施環境 ▶ LTが話し合いの司会をする。ATは個別的に声かけをする。

準備物 ▶ ①スタートとゴール以外は空欄のスゴロク用紙　②さいころ　③サインペン

✎おさえどころ
・自由に自分の意見が出せるような雰囲気をつくるように努める。
・実施時間や人数などの条件に応じてマスの数を調整する（25～49マス程度）。
・時間がかかりすぎる指示，非現実的な指示など，ゲームが成り立ちにくい指示を記入した場合は，指導者が意見を出して修正するように促すか，子どもたち同士でも意見を出し合い，調整させてもよい。
・マスの指示が思いつきにくい生徒には，前もって指導者と事前に考えておくとよい（例：10回休み→1回休み。「STARTに戻る」は2つまで）。

➡ひと工夫
・時間があればコマも，生徒自身が作るとよい。

第5章　中学生のソーシャルスキル活動

| 幼児 | 小学校低学年 | **小学校中学年** | 小学校高学年 | 中　学　校 |

No.81 直伝カードゲーム
情報の伝達／情報の聞き取り／心の理論

対象児　2〜6人
時間　45〜50分

生徒は自分が知っている（もしくは，調べて新しく習得した）カードゲームを他の生徒たちに説明し直伝していきます。質問を受け，答えたり，そのカードゲームになれていない相手の立場になり，ゲームの進行を考えたりしていきます。

実施環境 LTが司会をする。ATは1〜2人で，生徒とともにゲームに加わる。
準備物 ①説明用の用紙　②カードゲーム

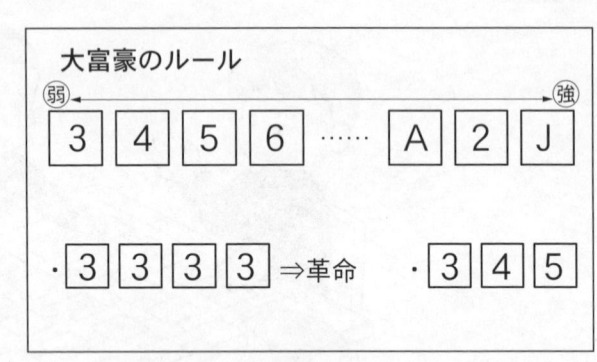

大富豪のルール
弱 ← 3　4　5　6 …… A　2　J → 強

・3 3 3 3 ⇒ 革命　　・3 4 5

✎おさえどころ

・指導者は，事前に説明役の生徒の知識・経験を確かめておく。また，実施前に，直伝役の生徒と指導者が説明用紙を作成したり，リハーサルをしたりすることで見通しをもって本番に臨めるようにする。
・指導者はあらかじめ，新しいカードゲームについて調べておき，生徒が間違った説明をしたときなど，必要に応じてゲーム中に説明役の生徒と共に確認できるようにしておく。
・大富豪やUNOなどのカードゲームは，地域や学校によって細かいルールが異なる場合がある。その場合は，教師がゲームのルール決めについて主導し，1人の意見を取り上げるのでなく，譲り合うことを学ばせる。
・実施するカードゲームのルールをよく知っている生徒には，初心者のことを考えるように促し，単純なルールを採用するようにアドバイスしていく。

➡ひと工夫

・カードゲームの例（うすのろ／ババヌキ／大富豪(大貧民)／水道管ゲーム／UNOなど）
・ボードゲームや昔遊びを直伝させてもよい（おはじき／将棋崩し／特別ルールのジェンガ／ブロックスなど）

| 幼児 | 小学校低学年 | 小学校中学年 | **小学校高学年** | **中学校** |

No. 82 アンゲーム
会話のやりとり／自己の振り返り

対象児 3～5人
時間 20～50分

カードを順番に引き，引いたカードに書かれている質問に答える。質問の内容は，全年齢向け，子ども向け，ティーンエージャー向けなどに分かれて商品化されている。抽象度の高さなど，答えやすさによって，2段階に分かれている。指導者のリードで，聞いている人も質問するなどをして話に加わるやり方と，カードを引いた人以外は一切口をきいてはいけない約束で進める方法とが考えられる。自分で質問を考えて，相手を選んで質問したり，自分で話したいことを話せるという特別なカードも何割か混ざっている。

実施環境 LTは主に聞く側の参加の仕方にアドバイスする。ATは子どもと同様に一参加者としてカードを引いて，同じように活動すると，全員がよく集中して参加しやすい。

準備物「©アンゲーム」

✎おさえどころ
・子どもの発言の仕方や，内容には，常に肯定的な反応をし，自分から話すことが楽しいという気持ちを感じさせることが大切。話したい気持ちがふくらんでくると，順番を守って，人の話には割り込まず，聴くことに徹するという課題も意味をもってくる。

➡ひと工夫
・多くのカードの中から，答えやすいものをあらかじめ選んだり，身近な問題でカードを作っておくなどの工夫でより楽に話せるようにする。
・カードの内容を生活のあり方や進路に関することなど，そのときの課題に沿って絞り込んでおくことで，自分について考える場にすることができる。
・カードをもとに他の子どもにインタビューし，その結果を発表する「レポーター」形式でやりとりの場を広げることができる。

| 幼　児 | 小学校低学年 | 小学校中学年 | **小学校高学年** | 中 学 校 |

No.83 ビリヤード
仲間関係を楽しむ／遊びの共有／ルール理解

対象児　2～4人
時間　15～50分

ルールがわかりやすい，9個のボールで行う「ナインボール」や15個のボールで行う「ローテーションゲーム」の競技を行います。仲間とおしゃべりをしたり，和やかな雰囲気の中，競ったりすることで仲間とのやりとりを楽しみます。

所要時間は1ゲーム15分程度。「ナインボール」は，9番が入るまで終われませんが，「ローテーションゲーム」では，時間を決めローテーションの区切りの合計ポイントで勝負を決めることもできます。

実施環境 ▶ LTは指導，得点計算をする。ATは競技に参加し，会話を盛り上げる。

準 備 物 ▶ ①70％に縮小された卓球台兼ビリヤード台　②付属のキューとボール

✍おさえどころ
・止まったボールを打つのでスポーツが苦手な生徒も参加しやすい。
・他の生徒がボールをポケットに入れたら，担任が主導しみんなでほめるような雰囲気づくりをする。
・初心者にはそれなりのハンディをつけることを，ゲームの開始前に参加者全員で相談し，納得させてから開始する（当たり損なった場合は1回だけやり直せるなど）。
・ゲームを媒介として参加者の間の和やかな会話を楽しみ，仲間はよいものだという認識を育てる。

➡ひと工夫
・多くの生徒は初心者であり，ボールの突き方から教え，打つ練習をしてからはじめる。その際，打ち方を経験者の生徒に指導させ，教える経験を積ませる。

| 幼 児 | 小学校低学年 | 小学校中学年 | 小学校高学年 | 中 学 校 |

No. 84 みんな DE ハンドベル
流れに沿って動く／仲間を応援する／協応運動

対象児 5～12人
時間 20～30分

簡単な曲を選びます。階名ごとに担当者（生徒）を決めます。たとえば「きらきら星」でｿを担当する生徒の楽譜は，楽譜のｿに全部マーカーで色をつけ，専用の楽譜とします。これで一人ひとりの楽譜ができます。同様にﾄﾞ，ﾚ，ﾐ……の階名の楽譜を作ります。そのあと，まずは一人ひとりが自分のパートを練習します。次に他の音と合わせます。レベルが上がれば，ハモるように楽譜を作ります。難しい生徒には，曲の中で数の少ない階名を与えたり，担任が指揮をしながらちょっとした合図を送ります。継続的に練習し，発表会を行ってもよいでしょう。

実施環境 定期的に何回も繰り返すことが可能。LT は全体把握をする。AT は苦手な生徒の個人指導に当たる。

準備物 ①手作りの楽譜　②ハンドベル

▲ソを担当する子の楽譜

📣おさえどころ
・普通の楽譜に階名をつける（楽譜を読めないことが多いため）。
・階名ごとにマーカーで色づけする。
・自分のパートができるだけでなく，他の音と合わせることができるかを，ポイントとさせる。
・仲間の失敗も受け入れ，みんなで作りあげることを意識させる。

➡ひと工夫
・苦手意識の強い生徒には，少ない音や，出だしの音を分担させるとよい。
・簡単な曲から始めるとよい。「カエルの歌」「きらきら星」等。
・できるようになったら，ハモるときれいな「星に願いを」などに挑戦させるとよい。
・演奏技能により，トーンチャイムの使用などを考える。
・選曲にあたっては，演奏技能と子どもの興味・関心に配慮をする。

| 幼　児 | 小学校低学年 | 小学校中学年 | 小学校高学年 | 中　学　校 |

No. 85　サークルボール
周りに合わせて動く／指示理解／注意集中／ボールの操作

対象児　3～7人
時間　10～30分

輪になって，指導者が示した方法でボールを隣の人に回していく。できるだけ取りやすいように投げ，安定したリズムでスムーズに回るようにする。回すスピードを上げる。ボールの数を増やす，2個のボールをそれぞれ逆方向に回す，1人おきに回す，合図で逆向きに変える，投げないで手渡すなど，複雑な要素を組み合わせて入れていく。

実施環境　奇数人数になるように指導者が入って調整する。LTは手順の説明や指示を行う。
準備物　ボール1～2個（サイズ，種類を変えるなどの工夫をする）

✎おさえどころ
- 自分勝手な工夫を入れず，安定したリズムで滑らかに回すことを重視し，集団としての達成感を共有できるようにする。
- 子どもたちの達成度により，次々と課題を変化させ，注意を集中して新たな指示を聞き取り，すみやかに切り替えることができるようにする。

➡ひと工夫
- 相手の名前を呼んでから投げる，返事があったら投げるなど，言葉のやり取りを組み込むやり方もある。敬称づけ，呼び捨て，ニックネームで呼ぶ，返事の言葉を変えるなどの変化をつけると動きの中で自己表現がスムーズにできるようになる。
- 投げてからキャッチするまでの間に手拍子を入れるなどをして難度を上げ，集団全体でリズムを共有することをねらい，達成感を高める工夫もできる。
- ボールの種類や大きさを変えたり，ボール以外の形状のものを取り入れるなどの変化をつけ，運動面の負荷を高めることもできる。
- ボールの逆回しなどの指示を子どもに行わせることで，相手の状況の理解やリーダー役の経験などの課題に取り組ませることもできる。

| 幼　児 | 小学校低学年 | 小学校中学年 | 小学校高学年 | 中　学　校 |

No. 86　絵手紙
達成感／自己表現／見通しをもつ

対象児　何人でも可
時間　1時間程度

はがきに季節の題材の絵を描きます。教師が用意した題材をよく見ます。油性のサインペンで絵を描きます。水彩絵の具や色鉛筆で色を塗ります。絵に合うような文，または絵から思い浮かぶ文を考えます。その文章を，はがきの余白に書きます。

実施環境　用意・片づけを含めて1時間程度で行う。指導者も一緒に絵手紙を描くとよい。
準備物　①はがき　②油性ペン（細い物）　③水彩絵の具または色鉛筆　④季節の題材

✍おさえどころ
・いろいろなバリエーションと作品に対する肯定的な見方を示し，絵を描くことへの抵抗感を減らす。
・絵や文章が上手か下手かを問わず，自分なりの表現ができればよしとする。
・一つひとつの作品について肯定的な評価を行い，達成感を得られるようにする。

➲ひと工夫
・季節感のある題材を用意するとよい（椿の花，紅葉の葉，サツマイモ等）。
・画材（水彩絵の具，色鉛筆，水彩色鉛筆等）をたくさん用意するとよい。
・はがきも絵手紙用を購入すると，手触りや描きやすさが違ってよい。
・サインペンではなく，筆ペンでもよいが，水性絵の具で上から塗ると混ざってしまうので，気をつけることが必要。だが，味のある物ができあがる。

第5章　中学生のソーシャルスキル活動

| 幼児 | 小学校低学年 | 小学校中学年 | **小学校高学年** | 中学校 |

No.87 マンダラ塗り絵
自己表現／微細運動

対象児　2〜4人
時間　50分

（概要）　線で区画されたマス目の中を，ていねいに塗ります。完成させ，離れたところから見ると，意外な模様が見えてきます。小集団で，共に制作し，互いに鑑賞します。

（指導の展開）
- 机を囲んで座ります。
- ルール　①線で区切られたマス目の中をていねいに塗りましょう。
　　　　　②どんな色でもよいです（白は白く塗ります）。
　　　　　③隣のマスを塗るときは，違う色のほうがよいです。
　　　　　④隣も同じ色にしたい時はまとめて塗らずに，1マスずつ塗りましょう。
- 完成した絵を見せ，作業に対する動機づけを行います。
- 完成後に，互いに見せ合い，違いがあることがよいということを，指導者が伝えます。

実施環境　LTが進行する。ATはともにマンダラを制作しつつ個別的に声かけをする。

準備物　①色鉛筆・絵の具　②マンダラの塗り絵

✎おさえどころ
- 前もって完成の見本を見せることで子どもたちにイメージをもたせる。
- 決まりを大きな文字で明記し，書いてあることを質問したときは指で示し，静かな雰囲気で集中して取り組めるようにする。
- 集中が途切れそうな話題になったとき，落ち着いて作業ができなくなったときは指導者が，補助して静かに取り組める雰囲気にする。

➡ひと工夫
- 絵を見て心身のバランス，健康度などが気になるときは，絵だけから解釈せず，他の面からアプローチする。
- 2〜3人での共同制作に取り組んでもよいだろう。

| 幼児 | 小学校低学年 | 小学校中学年 | **小学校高学年** | **中学校** |

No. 88 パーティをしよう
役割遂行／企画・実行／所属観を高める

対象児 3人〜
時間 60分

通級（もしくは指導機関）の場全体で歓迎会を企画，実施します。生徒たちと話し合い，役割を分担し，準備にかかります。新入生がどんな気持ちで入級（グループに参加）してくるか考えさせ，どんな学級か，どんな先輩がいるのか，などの不安をもっていると推測させます。その不安な気持ちを取り払うことを意識させて，歓迎会を企画させます。会を開催する時期，時間，流れ，分担等を話し合わせます。場合によっては，お菓子や飲み物などの買い物も行います。

実施環境 パーティーは60分程度。事前準備は，内容にもよるが十分に時間をとる。LTが中心となって，話し合いをファシリテイトする。ATは生徒の話し合いの中に入る。

準備物 ①話し合いワークシート　②役割表

（チラシポスター／司会／招待状／プログラム／ゲーム／買物）

チラシポスター
いわう会
3月10日
・あいさつ
・ビデオ
・ゲーム
・ティータイム
・あいさつ

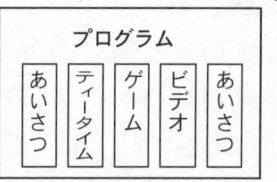

プログラム
あいさつ／ティータイム／ゲーム／ビデオ／あいさつ

✎おさえどころ
・生徒からいろいろな企画が出ないときや，現実的でない話になったときは，指導者が話し合いに介入し，○○のときはどうするのか，などと考えさせる。
・なるべく在籍校などでの経験（お楽しみ会，部活の歓迎会等）を引き出す。
・お知らせのチラシやポスター，招待状などの事前の取り組みも指導に組み入れる。

➡ひと工夫
・ゲームの企画にあたっては，全員が楽しく参加しやすい内容を考える。
・子どもの状態によっては，司会・スピーチ・買い物・会場設営などの多様な役割を組み込み，分担をして活動させる。
・新入生歓迎会だけではなく，卒業生を招いて高校のことや受験のことなどの話を聞く「卒業生をまねく会」や卒業式間際に「卒業生を送る会」などを行い，進路や，自己について考える機会をつくることも大切だろう。

第5章　中学生のソーシャルスキル活動

| 幼 児 | 小学校低学年 | 小学校中学年 | 小学校高学年 | 中 学 校 |

No. 89 フリマに出店しよう！
話し合い／協力する／ホウレンソウ／社会的問題解決

対象児 6〜10人
時間 80〜110分

> フリーマーケットへの出店に向けて，商品の準備や値段設定などの準備段階から始め，実際に出店し，接客やお金の管理などの役割を分担してお店の運営を行います。
> 準備段階では自分たちで企画することが狙いとなります。指導者側で，お金の管理，商品管理，接客などの子どもたちができる役割を考え，役割の内容について説明した上で分担してもらいます。また商品を準備し，値段設定を話し合いのもとで決めていきます。
> 出店前の指導では，接客の仕方やお金の受け渡し方など，基本的な対応についてリハーサルしておきます。また，具体的な状況を提示し，困った時にはどうするかを考えてもらいます。振り返りでは，自分の役割をどれだけ果たすことができたかを自己評価し，その上で指導者からフィードバックします。

実施環境 人数が多い場合には2班に分けてお店の運営をしてもよい。事前準備60〜90分（2回に分けて），振り返り20分。

事前準備では役割分担などの子どもたちだけでできる部分は任せ，必要に応じて介入する。商品の値段設定に関しては，指導者が中心となって決めていく。また，どこまで値下げの要求に応じるかの基準も決めておく。出店の予約は指導者側で済ませておく。出店当日は基本的な運営は子どもたちに任せ，必要に応じてプロンプトを出したり，フィードバックしていく。また，困ったときには指導者に相談するようにしておく。

準 備 物 ①商品 ②値札 ③お金を管理する箱 ④売れた金額を書く紙 ⑤ワークシート（振り返り用）

✎ おさえどころ

- グループの段階として，子どもたち同士で協力する意識をもてていることが必要である。
- フリーマーケットがどのようなものか知らない人がいる場合には，事前に十分に説明しておく。また事前準備から出店までのスケジュールを提示し，見通しがもてるようにしておく。
- 自分たちで働き，お金を稼ぐ経験として意識できるよう，出店後には稼いだお金で外出等を企画することを事前に説明し，動機を高める。
- 役割分担の際には自分の向き・不向きを考えてもらい，自分に合った役割についてもらうようにする（例：人とのコミュニケーションが苦手な人は『お金の管理』を行う役になるなど）。振り返りの際には役割を果たせていたかどうかに加え，どういったことが向いているかということもフィードバックし，自己理解を促す機会としてもよい。
- リハーサルの際には，商品やお金の受け渡しをする時に，お客さんの立場に立って失礼のない対応を考えられるよう，フィードバックしていく。
- 「ホウレンソウ（報告・連絡・相談）」について指導をする場合には，どんな時に「ホウレンソウ」が必要かを認識するために，具体例をあげてイメージさせたり，話し合ったりするとよい。特に当日の運営に関しては臨機応変に対応することが求められるので，『困った時には大人に相談する』ということを強調する。

➡ ひと工夫

- 稼いだお金で外出等を企画する際には，全員で協力して稼いだお金なので，全員が楽しめる企画を考える。そのため，話し合いはただ多数決で決めるのではなく，全員が楽しめることを第一に考えて進めていく。
- 小学生の場合，外に出て出店することが難しければ，保護者や関係者を呼んで教室内で2～3グループに分かれて，お店（ゲーム屋，食べ物屋など）を出してもよい。

| 幼 児 | 小学校低学年 | 小学校中学年 | 小学校高学年 | 中 学 校 |

No.90 書初め
自己の目標を立てる／自己表現／仲間のことを知る

対象児 1〜8人
時間 60分

新年や新しい学期を迎えるにあたって，書初めを行います。まずは，好きなこと等をなんでも書かせます。活動がのってきたら，各自，抱負や目標を立てて書いてみます。書き上げたら，作品を並べて一つひとつ紹介し，書き手は作品の解説をします。お互いに目標等をシェアします。最後に，協力して作品を模造紙に貼って掲示します。

実施環境 LTが全体の進行をする。ATは1〜2人で，見本を示したり，筆の進まない生徒に個別に声かけをする。

準備物 ①書道のセット ②"書初め"の見本 ③新聞紙 ④模造紙 ⑤のり

早寝早起き　有言実行　一日進月歩　健康第一

（これは○○君が書いた作品です。○○君，解説してください。）

おさえどころ
- 目標をたてられたことや目標の内容について肯定的なフィードバックを行うことを指導のポイントにする。
- 筆の進まない生徒や目標等が思いつかない生徒には，"練習"ということで見本を示して書かせたり，他の生徒の書いているところを一緒に連れて回ったりする。
- 目標が抽象的（「ビッグになる」等）になりやすい生徒については，"ビッグになるために"日常生活では具体的にどうするかを明確にさせる。

| 幼児 | 小学校低学年 | 小学校中学年 | **小学校高学年** | 中学校 |

No. 91　五色表現
自己理解／自己表現／社会的問題解決

対象児　**個別**
時間　**30～50分**

A4用紙に楕円形を書き，その楕円を，中央，中央上，中央下，右，左の5つに分割する線を太めに引きます。その5カ所をそれぞれ別の色で塗り分け，自分の気持ちや考えていることを表現します。「〇学期の自分」「1年でやりたいこと」「今の気持ち」などのように必要に応じてタイトルを設定します。まず色を選んで塗り，次に，それが何を意味するかコメントを書き込みます。書いたものについて指導者とやりとりをして，内容をふくらませていきます。

実施環境　手順の説明，内容についてのやりとり。
準備物　①紙（A4サイズ）　②太めのペン，細めのペン　③色鉛筆

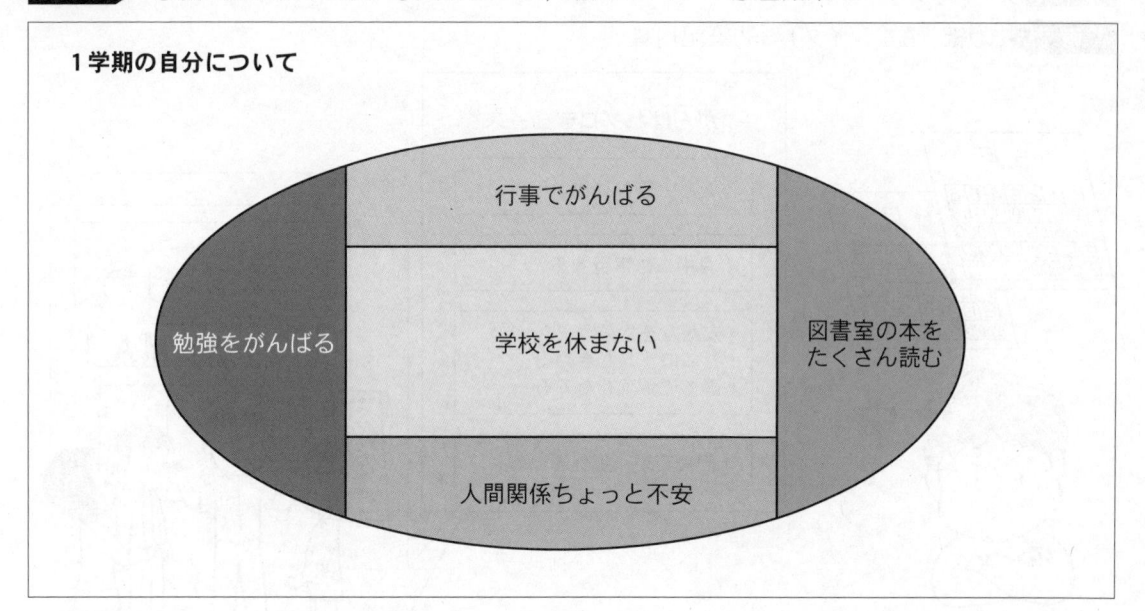

1学期の自分について

- 行事でがんばる
- 勉強をがんばる
- 学校を休まない
- 図書室の本をたくさん読む
- 人間関係ちょっと不安

おさえどころ
・なかなか言葉にしにくい自分についての問題を，色を頼りに表現させていく。
・出てきたものについての会話で内容をふくらませ，具体的な生活上の課題を意識化させることにつなげていくことが大切である。

ひと工夫
・内容が思いつきにくいときは，色の選択を先行させ，選んだ色についてイメージをふくらませて具体的な内容につなげていく。
・5分割にこだわらず，細分化したり，模様をつけたりするなど，個人の発想の展開があれば，それを活かし，表現をより豊かにしていく。

| 幼児 | 小学校低学年 | 小学校中学年 | **小学校高学年** | 中学校 |

No.92 がんばれプロデュース
自己の目標を立てる／主体的に取り組む／自己理解

対象児　個別
時間　30〜50分

自分の生活上の課題等について，できるだけ具体的に目標を定め，実現への見通しをもてるようにする。
　①実現すべき目標（なにを）
　②実現させるための期間（いつまでに）
　③具体的な取り組み（どうやって）
　④予想される成果や波及効果（どうなるか）

実施環境　LTは手順の説明，内容についてのやりとりを行う。
準備物　①紙（A4サイズ）　②筆記用具

がんばれプロデュース

- 友だちと遊びに出かける
- 6月中には実行する
- ・友だちをさそう
  ・どこにするかきめる
  ・調べて予定をたてる
- 1回め実現→夏休みにも

✎おさえどころ
・短期目標についての自主的な取り組みを支援する。遊びに行く計画の実現とか，単発的な家事参加とか，小さな事柄について，計画から実現までの流れを経験させることが大切。そこから，生活上の課題などの本質的で重要な課題に発展させていくようにする。
・実現したときのイメージをふくらませることがポイント。

➡ひと工夫
・期間や達成度がわかりやすく，取り組みの状況がわかりやすい内容を取り上げ，周囲の人たちに経過報告ができるようにしておくと，より自覚的に取り組むことができる。

| 幼児 | 小学校低学年 | 小学校中学年 | **小学校高学年** | 中学校 |

No.93 携帯電話・インターネットとの付き合い方
対人ルールの理解／社会的資源の活用

対象児 1～8人
時間 30～40分

PDDなどの発達障害の子どもの中には，携帯電話やインターネットにはまりやすい子どももいます。積極的に"安全な活用法"を考えていく必要があります。携帯電話やインターネットのメリット（情報の入手，即時性等），デメリット（料金，人を傷つけやすい，犯罪に巻き込まれる可能性等）を整理し，実際の利用にあたっての基本的なルール，エチケット（スキル，行動の制限として）について確認します。家庭との連携も含め，特別な支援の場において，あらためて学習し，確認することに意義があります。

実施環境 携帯電話（通話），メール，インターネットの3回に分けてもよい。LTは全体の進行をする。ATは1～2人で生徒の様子を見ながら，進行の程度や内容の理解，また発言を促す声かけをする。

準備物 携帯電話やパソコン（シンボル，使用の際の見本として）

✍おさえどころ
・生徒からメリット・デメリットを聞きとり，整理していく。使用のエチケット等については，場面を想定し，モデリングやロールプレイを取り入れ，明らかにする必要がある。
・活用方法については，年齢や個々の発達の程度（自律性）も考慮し，管理的になりすぎないよう注意する。

➡ひと工夫
・一般常識の範疇として利用にあたってのルールを説明し，家庭との連携の在り方を検討する。
・アンケートなどにより，家庭でのルール（時間，料金など）等を把握し，指導に活かす。
・必要に応じ，関係機関・者（警察やスクールカウンセラーなど）の協力を得る。

ねらい索引
(※索引中の数字は実践ナンバー)

集団行動

着席する　1, 4, 5
静かに聞く　1, 3
注目する　3, 4
集団参加　70, 72
流れに沿って動く　46, 53, 79, 84
手順に沿って動く　10, 11, 12, 18, 19, 39, 62, 66
指示理解　40, 51, 52, 85
指示に従う　12, 39,
ルール理解　3, 6, 8, 13, 14, 15, 43, 54, 83
ルールに従う　14, 41, 55, 59
役割遂行　1, 24, 71, 72, 73, 79, 88
役割分担　37, 44, 65, 69, 70
協力する　16, 20, 27, 30, 33, 34, 36, 44, 45, 49, 50, 54, 55, 57, 58, 59, 61, 63, 64, 66, 72, 89
貸し借り　17, 18
道具の共有　17, 18, 19
順番交代　17, 36, 43
役割交代　13, 15
見通しをもつ　1, 10, 11, 18, 60, 67, 68, 86
計画を立てる　67, 69, 70
企画・実行　88

セルフコントロール

勝ち負けの経験　6, 8, 43
負けの受け入れ　6, 8, 41
失敗の受け入れ　45, 60
注意集中　2, 45, 85
衝動性の制御　26
行動調整　16, 51, 53, 54, 56
気持ちの切り替え　31
感情の認知　5, 29, 31, 43, 75
感情の表現　29, 75
こだわりへの対処　20, 77
柔軟に対処する　24, 47, 48
折り合いをつける　80

社会的認知

ジョイントアテンション　7, 14, 40, 41, 42
相手の動きに合わせる　16, 49, 54, 57, 61, 63
他者の視点に立つ　26, 29, 32, 38, 42, 56, 65, 69, 76, 78
心の理論　30, 48, 75, 77, 78, 81
対人ルールの理解　22, 23, 25, 28, 93
社会的状況の理解　24, 25, 28, 65, 73
社会的問題解決　28, 33, 46, 71, 89, 91

仲間関係

名前を覚える　9
仲間のことを知る　76, 90
仲間にかかわる　9, 50
仲間関係を楽しむ　50, 83
所属感を高める　88
遊びの共有　50, 60, 83
遊具の共有　36, 49
仲間を応援する　55, 57, 58, 72, 84
仲間を援助する　20, 64

コミュニケーション

情報の伝達　　2, 21, 29, 30, 35, 37, 38, 42, 44, 79, 81
情報の聞き取り　　2, 5, 21, 34, 35, 44, 79, 81
伝言をする　　25
ホウレンソウ(報告・連絡・相談)　　23, 25, 89
依頼する　　7
質問・応答のルール　　2, 21, 22, 23, 34, 41, 74
言葉のやりとり　　9, 17, 19, 22, 27, 32, 35, 64, 66
会話のやりとり　　82
話し合い　　32, 33, 37, 45, 48, 65, 69, 70, 73, 80, 89

生活

買い物のマナー　　24, 69
電話のマナー　　25
金銭管理　　67, 68
公共のマナー　　67, 68
社会的資源の活用　　93

自己・情緒

達成感　　86
自己表現　　86, 87, 90, 91
自己理解　　1, 91, 92
自己の振り返り　　82
他者の助言の受け入れ　　46
他者の援助の受け入れ　　20, 64
自己の目標を立てる　　90, 92
主体的に取り組む　　33, 92
就労への意識　　71

動作・運動

順番待ち　　3, 7, 8, 12
動作模倣　　4
微細運動　　4, 45, 53, 62, 87
視線の活用　　7
苦手なことの克服　　10, 11
粗大運動　　12, 13, 53, 58
ボールの操作　　14, 57, 85
身体感覚　　20
目と手の協応　　27, 62
言語表現　　37, 38, 47
手指の巧ち性　　51, 52, 62, 63, 66
協応運動　　58, 84
ボディーイメージ　　60
道具の操作　　61
作業能力　　61
周りに合わせて動く　　85

言語・認知

因果関係の理解　　5
聴覚的理解　　15
概念形成　　26, 37
言語理解　　26, 37, 38
地図理解　　30
言語概念　　30
勝ち負けの受け入れ　　31
短期記憶　　35
矢印の意味理解　　39
空間認知　　39, 44
行動理解　　40
対人的距離感　　40
役割理解　　44
想像力　　47, 52
自己決定　　47
推理・推測　　48
対人意識　　54,
非言語のやりとり　　64
質問する　　74
応答する　　74
推論する　　74
感情語の理解　　75
対人的信頼感　　78

【執筆者一覧】　※五十音順,（　）内は執筆箇所,＊は共同執筆

安齋　佳子	東京都府中市立府中第三小学校	（No.32, 41＊, 47, 48, 60）
飯村　明子	東京都狛江市立緑野小学校	（No.25, 45, 46）
石井あさか	東京ＹＭＣＡ東陽町センター	（No.1, 2, 7, 9, 18）
伊藤　久美	東京都町田市立成瀬台小学校	
	（第2章-4(2)／No.74, 80, 81, 83, 84, 86, 87, 88）	
伊藤　正紀	東京都三鷹市立第六中学校	（No.24＊, 31＊, 37＊, 38＊, 65＊, 69＊, 70＊）
上山　雅久	東京都羽村市立松林小学校	
	（第2章-3, 4(1)(3)／第4章-解説／No.68）	
大竹　裕子	東京都町田市立成瀬台小学校	（No.30, 39, 44, 53, 71）
岡田　克己	神奈川県横浜市立左近山第一小学校	（No.26, 40, 43, 54,）
岡田　智	共立女子大学家政学部児童学科・ながやまメンタルクリニック	
	（第1章-1, 2／第2章-1, 2, 5／No.36, 75, 77）	
岡野　絵美	東京都あきる野市立増戸小学校	（No.42, 56）
河合　高鋭	横浜市東部地域療育センター・ＮＰＯフトゥーロ ＬＤ発達相談センターかながわ	
	（No.3, 10, 11, 15）	
神田　聡	東京ＹＭＣＡ東陽町センター	（No.50, 76, 78, 89）
木下　佳	東京都三鷹市立第六中学校	（No.24＊, 31＊, 37＊, 38＊, 65＊, 69＊, 70＊）
後藤　大士	東京都府中市立心身障害者福祉センター	（No.90, 93）
小林　繁	東京都文京区立小日向台町小学校	（No.55, 57, 58, 59）
佐伯　雅美	東京都羽村市立松林小学校	（No.22, 29, 66, 67）
櫻田　晴美	東京都小平市立鈴木小学校	（No.27, 35, 41＊）
高橋　篤	東京都日野市立日野第五小学校	（No.21, 29, 72）
田沼　実畝	大田区こども発達センター	（第3章-解説／No.4, 5, 12, 13）
豊田　玲香	東京都国立市立国立第六小学校	（No.28, 51, 52）
中村　敏秀	東京都あきる野市立増戸小学校	（No.23, 33）
二宮　陽子	東京ＹＭＣＡ東陽町センター	（No.6, 8, 14, 16, 17）
三浦　勝夫	東京都国立市立国立第六小学校	
	（第1章-3, 4／第2章-4(4)／No.34, 61）	
三好身知子	東京都小平市立小平第六小学校	（No.49, 62, 63）
安田　悟	共立女子大学家政学部児童学科	（No.19, 20, 64）
渡辺圭太郎	東京都東大和市立第二中学校	
	（第2章-6／第5章-解説／No.73, 79, 82, 85, 91, 92）	

【編著者紹介】

岡田　智（おかだ　さとし）
共立女子大学　専任講師

三浦　勝夫（みうら　まさお）
東京都国立市立国立第六小学校　教諭

渡辺　圭太郎（わたなべ　けいたろう）
東京都東大和市立第二中学校　主幹教諭

伊藤　久美（いとう　くみ）
東京都町田市立成瀬台小学校　教諭

上山　雅久（うえやま　まさひさ）
東京都羽村市立松林小学校　教諭

特別支援教育　ソーシャルスキル実践集
──支援の具体策93──

2009年4月初版刊
2013年1月11版刊

©編著者　岡田　智・三浦勝夫・
　　　　渡辺圭太郎・伊藤久美・
　　　　上山雅久

発行者　藤　原　久　雄
発行所　明治図書出版株式会社
　　　　http://www.meijitosho.co.jp
（企画）三橋由美子　（校正）川村千晶
〒114-0023　東京都北区滝野川7-46-1
振替00160-5-151318　電話03(5907)6701
ご注文窓口　電話03(5907)6668

＊検印省略　　組版所　株式会社明昌堂
本書の無断コピーは，著作権・出版権にふれます。ご注意ください。

Printed in Japan　　　　　ISBN978-4-18-084924-6

LD, ADHD, 高機能自閉症等の子どものための指導教材集・第1集

0796

日本LD学会／編
B5判・168頁・2625円（税込）

日本LD学会が多くの応募教材から選りすぐった発達障害のある子どもたちの認知特性を考慮した教材集。「タブレットPCで使う書字練習プログラム」、幼児から小学校、小学校から中学校への円滑な移行支援を目的としたワークブック等、すぐに使える教材を満載。

【特別支援教育】実践 ソーシャルスキルマニュアル

0635

上野一彦・岡田 智／編著
B5判・160頁・2625円（税込）

LDやADHD、高機能PDDなどと呼ばれる子どもたちの究極の発達課題は社会自立であり、その可能性を追求する教育課題はまさしくソーシャルスキル指導である。本書は、YMCA東陽町センターを中心に長くLD臨床に関わってきた著者たちの集大成、渾身の作である。

特別支援教育基礎用語100
解説とここが知りたい・聞きたいQ＆A

0123

上野一彦・緒方明子・柘植雅義・松村茂治／編
A5判・132頁・2058円（税込）

全国でスタートした特別支援教育を、さらにすべての教師が広く、深く理解するために、その中核となる基本用語を、教育だけでなく心理学、医学、福祉の関連領域まで広げ、100厳選するとともに、教師が日常的に接することの多い大切な質問を選びやさしく解説した。

---

http://www.meijitosho.co.jp　　FAX 03-3947-2926

ご注文はインターネットかFAXが便利です。（インターネットによるご注文は送料無料となります）

〒170-0005
東京都豊島区南大塚2-39-5　　明治図書　　ご注文窓口　TEL 03-3946-5092

＊併記4桁の図書番号（英数字）をご利用いただきますと，ホームページでの検索が行えます。

認知・言語・運動プログラム
発達障がい児のためのグループ指導

0730

津田 望／監修
東 敦子・小堀あゆみ／編
B5判・148頁・2583円

個別指導が重要視される中で，個々への軽視と懸念されがちなグループ指導は，一人ひとりの動作に注目することで効果的に個々の能力をのばすことができる。達成感や楽しさを共有できる216のアイデアから，発達障がい児の社会性・対人関係を育てるグループ指導を提案。

発達障害の子がいるクラスの授業・学級経営の工夫
「私はこうした！こう考える！」子どもの「やる気」と「自信」へつなげるコツ

0733

小島道生・宇野宏幸・井澤信三／編著
B5判・144頁・2583円

発達障害がある子どもの理解と指導法を知ることは，通常の学級担任にとって必須である。本書は，研究者と現場教師のプロジェクトによる研究書であり，「やる気」と「自信」をキーワードに授業や学級経営を行っている教師自らの実践に基づく「現場からの提言」の書。

発達障害のある子どもの支援スタートブック
自立活動，自立活動的な学習の実践集

0845

鬼 秀範／編著
B5判・120頁・2310円

発達障害のある子どもへの有効な支援のために，小・中学校，特別支援学校という異なる現場の教師たちが，さまざまな経験から実践研究を重ね，現場のニーズに寄り添った入門的実践書を完成させた。本書で紹介する教材は，明日からの授業づくりに役立つこと間違いなし。

明治図書
東京都豊島区南大塚2-39-5　　ご注文窓口　TEL (03)3946-5092　FAX (03)3947-2926
〒170-0005　TEL (03)3946-3152　http://www.meijitosho.co.jp/（HPからのご注文は送料無料）
※併記4桁の図書番号（英数字）をご利用いただきますと，HPでの検索が行えます。表示は税込価格です。

「温かいメッセージ」のソーシャルスキル教育

授業や個別支援で使える学習シナリオ33

8913・B5判・2415円

伊佐貢一／著

近年，盛んに行われるようになってきたソーシャルスキル教育は実態に合ったシナリオが重要である。イラストで表現・作成したこのシナリオ集を活用していただき，多くの子どもたちに「温かいメッセージ」のソーシャルスキル教育が広がることを願っている。

発達障害の子どもがのびる！かわる！「自己決定力」を育てる教育・支援

0369・A5判・1890円

小島道生・石橋由紀子／編著

発達障害の子にとって，自ら主体的に意思決定を行っていく「自己決定力」を身につけることは，自分らしく生きる上での重要課題である。本書は，その理論をわかりやすく紹介するとともに「自己決定力」を育むことで子どもが大きくのびた事例や授業実践を提示した実践書である。

明治図書

東京都豊島区南大塚2-39-5　ご注文窓口　TEL (03)3946-5092　FAX (03)3947-2926
〒170-0005　TEL (03)3946-3152　http://www.meijitosho.co.jp/（HPからのご注文は送料無料）
※併記4桁の図書番号（英数字）をご利用いただきますと，HPでの検索が行えます。表示は税込価格です。